AF262040

DOCUMENTS INÉDITS

HENRI

DE LA ROCHEJAQUELEIN

ET

LA GUERRE

DE LA VENDÉE

HENRI DE LA ROCHEJAQUELEIN

ET LA

GUERRE DE LA VENDÉE

HÉLIOG DUJARDIN

HENRI DE LA ROCHEJAQUELEIN

ET LA

GUERRE DE LA VENDÉE

GÉNÉRAL EN CHEF DES ARMÉES CATHOLIQUES ET ROYALES

DE LA VENDÉE

NÉ LE 30 AOÛT 1772, TUÉ LE 28 JANVIER 1794

D'APRÈS DES DOCUMENTS INÉDITS

PARIS   NIORT

H. CHAMPION, LIBRAIRE   L. CLOUZOT, LIBRAIRE

HENRI DE LA ROCHEJAQUELEIN
GÉNÉRAL EN CHEF DES ARMÉES CATHOLIQUES ET ROYALES
DE LA VENDÉE
NÉ LE 30 AOUT 1772, TUÉ LE 28 JANVIER 1794

HENRI DE LA ROCHEJAQUELEIN

ET LA

GUERRE DE LA VENDÉE

D'APRÈS DES DOCUMENTS INÉDITS

PARIS | NIORT
H. CHAMPION, Libraire | L. CLOUZOT, Libraire
Quai Voltaire, 9 | Rue Victor Hugo, 22

1890

*Les guerres de la Vendée ont été si souvent
racontées, si bien décrites, qu'il semble inutile,
au premier abord, de chercher à les mettre en
lumière.*

*Presque tout a été dit ; les documents
qui n'ont pas été publiés sont rares, et, sans
la bienveillance de M. le Marquis de La
Rochejaquelein (1), il nous eût été difficile
d'apprendre quelque chose à celui qui a
sérieusement étudié cette glorieuse partie de
notre histoire. Là, d'ailleurs, n'était pas le
but que nous poursuivions : nous désirions
seulement rappeler aux enfants des braves,
aux habitants actuels du Bocage vendéen, les
gloires de leurs aïeux, afin que, fiers d'un*

(1) *Nous ne saurions trop remercier ici M. le Marquis de La
Rochejaquelein de la bonté avec laquelle il nous a permis de
fouiller dans les archives de la Durbelière et de Clisson.*

passé si beau, ils lèvent la tête et soutiennent encore avec courage les luttes qu'imposent les persécutions actuelles.

Car s'il est vrai que l'exemple a toujours un grand empire sur l'âme humaine, il est certain aussi que cet empire est encore plus fort quand l'action citée s'est passée dans un milieu connu, quand surtout, ceux qui en lisent le récit peuvent être fiers à juste titre, et revendiquer pour eux-mêmes une part de cette gloire acquise par leurs ancêtres.

Eh bien, dans ce pays favorisé, dans cette Vendée militaire tant admirée, les exemples qui entraînent et fortifient se trouvent partout. Il n'existe, pour ainsi dire, pas un village, pas une famille qui n'ait sa tradition héroïque, ses souvenirs glorieux. La multitude des actions d'éclat, l'universalité du dévouement, le grand nombre d'hommes qui se sont distingués dans cette « GUERRE DE GÉANTS » obligent celui dont le cadre est restreint à faire un choix.

Nous l'avons fait sans hésiter : Henri de La Rochejaquelein par son beau caractère,

son brillant courage, ses talents précoces, son
cœur ardent et généreux, nous a tout de suite
entraîné. La partie du Bocage où il est né,
où il a commandé, a des pages trop belles,
des gloires trop pures, pour ne pas achever
de nous déterminer à entreprendre un travail que d'autres motifs nous indiquaient
aussi.

C'est donc ce jeune homme de vingt ans
qui va nous montrer jusqu'où le courage et
le dévouement peuvent conduire ceux que
rien n'arrête dans le service des grandes
causes.

28 Janvier 1889.

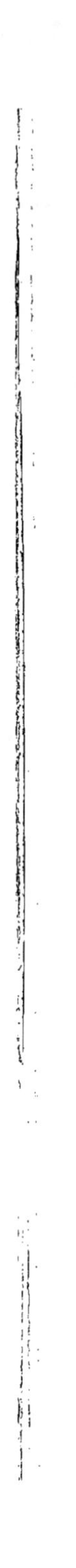

INTRODUCTION

ÉTAT DE LA VENDÉE. — COMMENCEMENTS DE LA GUERRE.

> Il vaut mieux que nous mourions les armes à la main que de voir la ruine de notre patrie et la destruction de nos autels.
>
> I Mach. III, 59.

La France subissait le joug pesant de la Révolution ; le Roi était prisonnier ; toute autorité légitime avait disparu ; les factieux, aidés de masses soudoyées, s'étaient emparés du pouvoir et imposaient au pays tout entier des lois iniques, menaçant la liberté humaine dans ce qu'elle a de plus sacré.

Cependant, jusqu'en 1792, cet état de chose ne put faire sortir les Vendéens de leur tranquillité. D'un caractère doux et paisible, ils se contentaient de blâmer les idées du jour et les actes d'un gouvernement odieux, rejetant avec horreur les doctrines que les révolutionnaires, étonnés d'une pareille résistance, cherchaient à leur inculquer (1). Mais quand leurs prêtres, ayant refusé de prêter serment à la constitution, furent chassés de leurs presbytères et remplacés par des intrus, ils furent profondément émus.

Dans une prière touchante, composée à cette époque, on voit quelle était leur piété et quels étaient leurs désirs. Après avoir offert à Dieu leurs souffrances avec la plus grande résignation, ils ajoutaient : « Mais permettez que nous vous demandions, Seigneur, de ne nous pas priver de nos pasteurs qui nous conduisent à vous. Vous pouvez tout, mon Dieu, changez nos cœurs endurcis, convertissez-nous tous à vous, rendez-nous la paix » (2).

(1) « La population aussi simple que robuste, sans relations avec les contrées limitrophes, adonnée à la culture, et traitée avec bienveillance par les petits seigneurs Angevins et Poitevins, qui partageaient doucement avec elle les fruits de ses labeurs, était contente de son sort. »

Général Jomini, *Histoire critique et militaire des guerres de la révolution*, Paris, 1820, t. III, p. 383.

(2) Voir, appendice note III, cette prière et une autre au Sacré Cœur, composée à la même époque.

L'indignation ne tarda pas à se joindre au chagrin ; ils n'entendaient pas qu'on voulût forcer leur confiance et pour le prouver, ils défendirent les prêtres réfractaires avec grand courage et continuèrent, comme par le passé, leurs pratiques religieuses, subissant avec fermeté les mauvais traitements de toutes sortes, dont les accablaient les patriotes des villes. On leur arrachait chapelets et médailles, on abattait les croix qu'ils aimaient tant à saluer au bord des carrefours et souvent on voulait les forcer à travailler eux-mêmes à ces œuvres impies.

Un pauvre homme, appelé Ripoche, fait prisonnier par une bande de patriotes, est conduit au pied d'une croix : on lui promet la liberté s'il consent à l'abattre d'un coup de hache. Le brave Ripoche prend la hache, se jette sur ses ennemis, se bat vaillamment, mais bientôt, couvert de blessures et accablé par le nombre, il entoure la croix de ses bras et meurt en disant : « J'adore le signe de ma rédemption » (1).

(1) Ripoche était de la paroisse du Loroux, près Nantes. Vte Walsh. *Lettres Vendéennes*, in-8° t. I. p. 327.

De pareils actes, se renouvelant sans cesse, ne tardèrent pas à causer une profonde agitation. Le gouvernement s'en inquiéta et envoya des commissaires à Châtillon. Leur enquête démontra que la seule cause du trouble était la liberté de conscience détruite ou menacée : « Nous ne souhaitons d'autre grâce que d'avoir des prêtres en qui nous ayons confiance » (1). Plusieurs ajoutaient même qu'ils aimeraient mieux payer le double d'impôts et conserver leurs curés. Les commissaires firent beaucoup de promesses ; aucune ne fut exécutée et leur passage ne servit qu'à irriter les populations.

Chaque jour d'ailleurs les patriotes des villes, excités par les clubs, et désormais certains de l'impunité, redoublaient d'insolence et de brutalité à l'égard des paysans. Ils sortaient par bandes de Thouars, Bressuire, Fontenay, etc., pillaient et brûlaient les églises, profanaient les vases sacrés, emportaient les cloches et maltraitaient ceux qui cherchaient à arrêter leurs méfaits.

(1) Gensonné et Gallois : rapport officiel du 9 octobre 1792.

Dans les premiers temps, les Vendéens essayèrent d'échapper par la ruse à la tyrannie de leurs persécuteurs. Mais enfin, traqués de toute part, privés de secours religieux, maltraités continuellement, ils arrivèrent à un état d'exaspération tel, que de nouvelles vexations devaient nécessairement amener, dans un bref délai, une résistance désespérée. La mort de Louis XVI (21 janvier 1793) eut un retentissement profond. Les Vendéens, habitués à respecter et à aimer le Roi, poussèrent un cri d'horreur en apprenant cet affreux attentat.

L'agitation s'accrut dans tout le pays, et la levée de trois cent mille hommes, décrétée par la Convention le 24 février, y mit le comble. Une foule de jeunes gens refusèrent de tirer et s'enfuirent dans les bois, disant : « Nous aimons mieux mourir en Vendée que d'aller aux frontières défendre les assassins du Roi et les voleurs de biens nationaux. » Dans plusieurs endroits la garde nationale voulant intervenir fut repoussée, et il y eut de part et d'autre quelques morts. Enfin la grande et véritable insurrection éclata en Anjou, entre le

1ᵉʳ et le 15 mars. Un simple voiturier du village du Pin-en-Mauges (1), occupé à pétrir le pain de ses cinq enfants, apprend que les jeunes gens appelés à St-Florent pour le tirage ont non seulement refusé de tirer, mais ont encore désarmé les soldats qui s'y trouvaient et pris un petit canon.

Cathelineau, car c'est lui, laisse là son pain, se rend sur la place publique, harangue les gens du village et leur dépeint, avec une éloquence persuasive, tous les malheurs qui résulteront de cette révolte, si elle n'est pas soutenue énergiquement. Une vingtaine de paysans se joignent à lui et partent pour la Poitevinière où ils sonnent le tocsin. Cathelineau exhorte la foule, entraîne les jeunes gens et marche avec eux sur Jallais, où se tenait une compagnie de la garde nationale. Les paysans, électrisés par l'ardeur de leur chef, enlèvent les canons au pas de course et se rendent maîtres du village.

(1) Les Mauges (Mala gens) furent ainsi nommées, dit-on. par Jules César, à cause de leur résistance opiniâtre aux armes romaines.

Stofflet, garde-chasse de Maulévrier, et René Forest arrivent avec cinq cents hommes ; tous, enhardis par le premier succès de Cathelineau, se jettent sur Chemillé qu'ils emportent, malgré les efforts d'un demi régiment de ligne.

Le 15 mars, Cathelineau prend Cholet en moins d'une heure et force les républicains à se retirer en désordre, abandonnant six cents hommes, tant morts que blessés ou prisonniers, des munitions et de l'argent. La petite armée marche de là sur Vihiers, où elle bat les gardes nationales de Doué et Saumur accourues au secours des patriotes de la ville. Les papiers du district sont pris et brûlés. Une pièce de canon qui, on ne sait pourquoi, devint chère aux Vendéens, tombe entre leurs mains ; ils la nomment Marie-Jeanne, du nom des filles de ses deux premiers pointeurs (1).

Cathelineau, devant de si rapides succès, s'effrayait de son inexpérience ; il voyait qu'une organisation sérieuse était nécessaire et il di-

---

(1) Ce canon, donné par Louis XIII au cardinal de Richelieu, avait été enlevé du château de Richelieu par les révolutionnaires.

sait : « C'est aux nobles à nous guider, nous sommes aussi braves qu'eux, mais ils entendent mieux la guerre que nous » (1). Bonchamps, arrivant peu après avec ses paysans, fut reçu avec acclamations, et tous lui offrirent le commandement. D'Elbée, forcé lui aussi de se mettre à la tête de sa paroisse, les rejoignit bientôt.

Il fut décidé qu'une proclamation serait lancée dans le pays, afin de bien faire comprendre à tous que l'unique but du soulèvement était de rétablir la religion et la royauté. D'Elbée donna à la petite troupe le nom d'Armée Catholique et Royale.

Ces dispositions prises, on se met en marche pour Chalonnes qui capitule presque aussitôt.

Ce nouveau succès assurait une tranquillité momentanée ; les paysans, las d'être séparés de leurs familles, et désirant célébrer les fêtes de Pâques, se dispersèrent et regagnèrent leurs foyers, après s'être donné rendez-vous pour le Dimanche de Quasimodo.

(1) L'abbé Deniau, *Histoire de la guerre de la Vendée*, t. I, p. 312.

Dans le Bas-Poitou il y eut aussi, vers le 1er mars, quelques rassemblements qui furent dispersés par la garde nationale de Fontenay. Le 19, un perruquier, appelé Gaston, réunit une bande qui remporta des avantages ; mais son chef ayant été tué, elle se dispersa promptement.

Couëtus se mit peu après à la tête des paysans des environs du lac de Grand-Lieu. Sapinaud, Lyrot, Baudry-d'Asson, Béjarry se virent bientôt obligés de prendre le commandement de ceux qui, de tous les côtés, accouraient leur demander conseil et appui.

Le 18, Charette, vivement sollicité par les habitants de Machecoul, la Garnache, etc., accepte de les commander, mais il pose ses conditions : il exige une obéissance absolue, établit une forte discipline et parvient ainsi à arrêter les cruautés d'une bande exaspérée qui, sous les ordres de Souchu, se livrait à des représailles.

Au fond, ces cruautés, exagérées par les rapports des républicains, furent peu de chose ; aucun des principaux chefs ne les approuva

jamais et le Bas-Poitou seul en fut témoin (1).
Les habitants du Bocage plus doux et plus
pieux avaient pour la plupart horreur du sang;
ils ne savaient que se battre avec courage,
souffrir avec patience et mourir en pardon-
nant. Ces sentiments admirables étaient, à peu
d'exceptions près, ceux de l'armée vendéenne
tout entière, pendant la période de la guerre de
la Vendée dont nous allons nous occuper.

Il est impossible de ne pas être profondément
frappé de la magnanimité d'un peuple qui,
poussé à bout par les persécutions, ne cherche
pas à se venger, lorsque ses armes victorieuses
lui livrent ses bourreaux! Il est même certain
que les victoires des Vendéens auraient été
souvent plus complètes et surtout plus fruc-
tueuses, s'ils avaient employé les moyens iniques dont se servaient les républicains.

Cependant la Vendée presque entière se

(1) « Il fallut les égorgements dont les Vendéens étaient
chaque jour témoins ou victimes pour les pousser aux mêmes
excès ; et ils ne cessèrent pas d'adjurer leurs ennemis de revenir
à des pratiques plus humaines..... »

Wallon. Les représentants du peuple en mission et la
justice révolutionnaire dans les départements, en
l'an II (1793-1794), t. I, p. 205.

trouvait soulevée, et chaque bande s'étant emparée des villes voisines de ses cantonnements, Cholet, Chemillé, Vihiers, Tiffauges, Clisson, Mortagne, Pornic, Machecoul, Les Herbiers, La Roche-sur-Yon étaient au pouvoir des paysans.

Pendant la quinzaine de Pâques, les Vendéens restèrent chez eux, mais le 10 avril, comme il avait été convenu, tout le pays fut de nouveau sous les armes. Il était temps : les patriotes alarmés avaient demandé du secours de tous côtés, et la Vendée se trouvait cernée par plus de trente-cinq mille hommes.

Les paysans arrivés en grand nombre à Cholet étaient presque sans armes. Quelques fusils sont distribués aux meilleurs tireurs ; les autres se contentent de fourches et de faux retournées, et tous marchent sur Chemillé où, sous les ordres de d'Elbée, ils défont Berruyer après neuf heures de combat. Malheureusement leur courage est souvent impuissant. Ils sont battus plusieurs fois et Ligonnier menace même Cholet, lorsque Henri de La Rochejaquelein fait son apparition à l'armée d'Anjou.

CHAPITRE PREMIER

Henri du Vergier de La Rochejaquelein, né
au château de la Durbelière, le 30 août 1772,
était fils de Henri-Louis-Auguste du Vergier,
marquis de La Rochejaquelein, et de Constance-
Lucie-Bonne de Caumont Dade (1).

Il entra dès 1782 à l'école militaire de Sorèze,
et en sortit trois ans après pour aller rejoindre
à Landrecy le régiment de Royal-Pologne-
cavalerie, dont son père était colonel (2). Dans

(1) Voir Appendice, note I, « Souvenirs de famille » et Pièces
justificatives, n° 1, l'acte de baptême de Henri de La Rochejaquelein.

(2) Sorèze (Tarn). Collection des anciens palmarès, renfermant,
avec les programmes de chaque cours, les noms des élèves.
Henri de La Rochejaquelein (de Poitou) est inscrit pour les années
1782-1783, 1783-1784, 1784-1785. Au sortir de l'école, les jeunes
gens recevaient le brevet de sous-lieutenant. (Le buste de La

une des premières manœuvres le cheval de Henri tombe, l'entraînant dans sa chûte. Les cavaliers s'arrêtent, mais le marquis de La Rochejaquelein ordonne la marche en avant, et tous passent au galop sans atteindre leur jeune officier (1). Henri donna toujours toute satisfaction à sa famille : « Je suis bien aise que tu sois content d'Henri, je l'exhorte à se bien conduire en tout, » écrivait Mademoiselle de La Rochejaquelein à son frère, le 13 mars 1792 (2).

Nommé, le 30 novembre 1791, officier dans la garde constitutionnelle du roi, sous les ordres de M. de Cossé-Brissac (3), il vint à Paris vers la fin de décembre et y resta par ordre particulier et direct de Sa Majesté après la dissolution de cette garde. La fatale journée du

Rochejaquelein a été placé dans la grande salle de l'école de Sorèze par le père Lacordaire). — Etat du Royal-Pologne, revue passée à Landrecy par le duc de Brissac, juin 1786. Compagnie de Cely, *Duvergier*, sous-lieutenant, *présent*. — Le Royal-Pologne-cavalerie était le 12ᵉ régiment de cavalerie; il devint en 1791 le 5ᵉ régiment de cavalerie et depuis 1802, il est le 5ᵉ cuirassiers.

(1) Marquise de La Rochejaquelein, *Mémoires*, édition originale, 1889, p. 94.

(2) Archives de la Durbelière.

(3) Voir Pièces justificatives, nᵒˢ 2 et 3.

10 août 1792, dans laquelle il se battit avec
grand courage, faillit lui coûter la vie : comme
il sortait des Tuileries par une petite porte
voisine de la grille du Palais-Royal, il essuya
une décharge qui tua plusieurs Suisses autour
de lui. Parvenu avec la plus grande peine à
gagner la terrasse du bord de l'eau, il put
s'approcher de la Seine, se jeter dans un petit
bateau, gagner l'autre rive et arriver sain et
sauf à l'hôtel de la rue Jacob où il habitait (1).
Mais bientôt dénoncé, poursuivi, il n'échappa
aux recherches des révolutionnaires que grâce
au dévouement d'un avocat royaliste, Fleury,
qui le cacha chez lui, rue de l'Ancienne-Co-
médie (2).

Le marquis de Lescure venait d'obtenir un
passeport par l'entremise de son ancien gouverneur Thomassin. Il résolut d'essayer d'en avoir
un autre pour Henri par le même moyen.

(1) Théodore Muret, *Histoire des guerres de l'Ouest*, in-8°,
1848, t. 1, p. 333.

(2) La marquise de Bouchamps, *Mémoires* (collection Beau-
douin), p. 19, dit que La Rochejaquelein et d'Autichamp se
cachèrent à Paris chez son mari.

Thomassin, assez en faveur près des révolutionnaires, promit son concours et mena à la section
M. de Lescure et son cousin. Un limonadier,
dont les vitres avaient été cassées le 8 août,
accepta de servir de premier témoin et se
chargea de procurer le second. Tout alla bien
pour commencer ; mais ce dernier, ayant lu sur
les affiches les peines dont étaient passibles
ceux qui portaient un faux témoignage, déclara
aussitôt à l'un des secrétaires qu'il ne connaissait pas les personnes pour lesquelles il était
venu témoigner. Ce secrétaire, heureusement,
était un brave homme ; il dit bas à Lescure :
« Vous êtes tous perdus ; sortez, » et ajouta
haut, avec brusquerie, qu'il n'avait pas le temps
d'expédier les passeports, et qu'il fallait repasser
plus tard (1).

Henri ne partit donc pas avec Lescure, et ce
ne fut que quelques jours après qu'ayant enfin
réussi à se procurer le passeport nécessaire, il
quitta Paris en prononçant, dit-on, ces paroles :
« Je vais dans ma province, et bientôt on parlera

(1) Marquise de La Rochejaquelein, p. 82.

de moi » (1). Il alla d'abord à la Durbelière ;
mais sa famille ayant émigré dès 1791, il n'y
resta que quelques jours, et cédant aux instances de son cousin, le marquis de Lescure,
il se rendit au château de Clisson, près de
Bressuire (2). Ce fut là qu'ils apprirent avec
désespoir la mort du Roi. Ils avaient demandé
qu'on les prévînt, si quelque chose était tenté
en faveur de la famille royale ; ils ne reçurent
aucun avis et furent contraints de passer l'hiver
dans l'inaction.

Les premières nouvelles du soulèvement
parvinrent à Clisson, vagues et confuses. Henri,
désirant savoir la vérité, résolut d'envoyer son
domestique à Saint-Aubin, chez sa tante, Mademoiselle de La Rochejaquelein. « Il écrivit une
lettre fort simple, lui mandant qu'il lui envoyait
un de ses chevaux qui était malade, et il chargea
de vive voix son domestique de savoir la vérité

(1) Crétineau-Joly, *Vendée militaire*, in-12, 1865. t. I, p. 146.

(2) Louis-Marie de Salgues, marquis de Lescure, était né le
13 octobre 1766. Son arrière-grand'mère était la tante de la
grand'mère de Henri de La Rochejaquelein ; toutes deux étaient
nées Granges de Surgères.

des rapports inconcevables que nous entendions depuis trois ou quatre jours » (1). Ce domestique fut pris et fouillé à Bressuire, et le lendemain une perquisition était faite à Clisson : on découvrit alors qu'un imprudent habitant du château avait confié au domestique de Henri des Sacrés-Cœurs pour Mademoiselle de La Rochejaquelein, et était ainsi cause de l'alerte, qui se termina sans incident plus grave que la prise de quelques chevaux (2).

Bientôt, les bruits de soulèvement devenant de plus en plus positifs, Lescure, qui était capitaine de la garde nationale de Boismé, craignant de recevoir l'ordre de marcher contre les paysans, ce qu'il ne voulait faire à aucun prix, réunit MM. de La Rochejaquelein, de Marigny, de Donnissan et les autres personnes présentes à Clisson, afin de délibérer et de prendre une détermination pour le cas où cette alternative se présenterait. Henri de La Rochejaquelein, étant le plus jeune, parla le premier

(1) Marquise de La Rochejaquelein, p. 103.

(2) « Précisément, les révoltés avaient tous attaché un Sacré-Cœur à leur habit, nous l'ignorions entièrement. » Idem. p. 104.

et dit qu'il aimait mieux mourir que de combattre contre les Vendéens. Tous les assistants furent du même avis, mais on résolut d'attendre les événements, ou tout au moins la confirmation des bruits qui couraient.

Henri, soupçonné par les autorités de Bressuire d'avoir fait partie de la garde secrète du Roi, courut souvent de grands dangers; on vint même plusieurs fois pour l'arrêter. Un jour entre autres, sortant à cheval avec M. et Mme de Lescure, il aperçut les gendarmes qui se dirigeaient vers le château. Lescure, pensant avec raison qu'on venait chercher son cousin, le força à prendre le galop et à se réfugier dans une ferme. Les gendarmes le demandèrent avec insistance; on leur répondit qu'il était sorti. Ils dirent alors à Lescure que La Rochejaquelein était beaucoup plus suspect que lui. « Je ne sais pas pourquoi, leur répondit Lescure; c'est mon cousin, c'est mon ami, et nous pensons absolument l'un comme l'autre. » Henri ne revenant pas, les gendarmes prirent un de ses chevaux et retournèrent à Bressuire.

Sur ces entrefaites, Mademoiselle de La Rochejaquelein envoya à Clisson un jeune homme, nommé Morin (1), afin de savoir ce que devenait son neveu (2). Ce jeune paysan avait été témoin de plusieurs victoires des Vendéens; il les raconta à Henri avec un grand enthousiasme et finit en lui disant : « Monsieur, on dit que vous allez dimanche tirer à la milice. Y consentirez-vous, tandis que nos paysans se battent pour ne pas y tirer? Paraissez, et tout le pays, qui vous désire, se rangera sous vos ordres » (3).

Entendant ces paroles si bien faites pour enflammer son courage, il se lève et s'écrie :

(1) Crétineau-Joly, t. Ier, p. 100. Le jeune Morin habitait le Petit Bouard (ferme située entre Saint-Aubin et la Durbelière).

(2) « L'ignorance de ce qui se passait, et l'ardeur de se réunir aux vengeurs du Roi, faisaient faire mille et mille projets aux habitants de Clisson. M. de La Rochejaquelein, le plus accompli des hommes de vingt ans, se décida à nous quitter, malgré le danger qu'il courrait d'être pris.

Le soir même, il arriva à M. de La Rochejaquelein un courrier de la part d'une de ses tantes, qui l'engageait à se rendre auprès d'elle. Le désir qu'il en avait, l'inquiétude de tirer à la milice le lendemain dans la commune, le décidèrent bien vite à tout entreprendre. Il fallait, pour cela, être aussi déterminé que lui, et sûrement il fut bien inspiré, car trois jours après son départ nous fûmes arrêtés à Clisson, et menés en prison à Bressuire. » (Marquise de Donnissan. *Mémoires inédits*. Arch. de Clisson).

(3) Marquise de La Rochejaquelein, p. 100.

« Je te suis, mon ami! » Lescure veut absolument partir aussi; Henri s'y oppose fortement, lui dit avec raison qu'il ne doit pas compromettre sa famille avant de savoir ce qui se passe, et lui promet de le faire prévenir aussitôt, si cette guerre a quelque apparence de raison. Une personne fait remarquer à Henri que son départ compromettra les habitants de Clisson. Il hésite, il craint pour ses parents. Lescure, dévoué comme toujours, lui dit: « L'honneur et ton désir te portent à aller rejoindre tes paysans, ils t'appellent; je souffre cruellement de ne pouvoir te suivre, mais j'aime mieux risquer mille fois la prison que de t'empêcher d'aller faire ton devoir. » Henri attendri se jette à son cou, le remercie, et prenant cet « air martial qu'il a toujours eu depuis » (1), il s'écrie : « Je viendrai donc te délivrer! »

Le chevalier de la Cassaigne supplia qu'on le laissât partir : vieux et malade, il mourait de peur à Clisson. On lui représenta que, n'étant ni brave ni leste, il serait un grand embarras

(1) Marquise de La Rochejaquelein, p. 110.

pour Henri : « Mon cher ami, dans le cas où nous entendrons du bruit, tu me laisseras et tu te sauveras. » — « Est-ce que tu me crois aussi poltron que toi, et capable d'abandonner quelqu'un qui est avec moi, lui répond Henri ? Non. Si on vient pour nous prendre, je me battrai, je périrai avec toi, ou nous nous sauverons ensemble. » Le malheureux, rempli de joie, lui embrassait les mains, disant : « Il me défendra ! » (1).

Lorsque le soir fut venu, Henri, armé d'un bâton et de deux pistolets, se mit en route avec le chevalier, le jeune paysan et un domestique. Il partait, déterminé à faire son devoir et à mourir, s'il le fallait, pour la cause à laquelle il se dévouait. On verra bientôt les grandes choses qu'il a faites et la gloire qu'il a donnée à son nom et à son pays !

« Henri avait alors à peine vingt ans.... Il avait cinq pieds sept pouces. Extrêmement mince et blond, une figure allongée, il paraissait plutôt Anglais que Français. Il n'avait pas

(1) Marquise de La Rochejaquelein. p. 110.

de jolis traits, mais la physionomie douce et noble. Dans ce temps-là il avait l'air fort timide; on remarquait cependant des yeux très vifs, qui depuis sont devenus si fiers et si ardents, qu'on disait qu'il avait un regard d'aigle. Il était excessivement adroit et leste, montait à cheval à merveille. C'était un bon sujet, sévère sur ses devoirs » (1).

Il était si brave et si ardent qu'on le surnomma « *l'Intrépide* » (2). Dans les combats, il avait le coup d'œil juste, la décision prompte et habile; il savait enlever ses soldats et les entraîner à sa suite. Le courage, chez lui, allait jusqu'à la témérité: on lui reprochait de trop s'exposer, et d'aller faire le coup de feu comme un simple soldat. Il était adoré des paysans et leur inspirait une entière confiance. Quelques-uns de ceux qui lui avaient survécu, interrogés à Saint-Aubin, en 1820, par M. de Genoude, disaient: « M. Henri, nous l'aimions entre tous. Jamais les soldats n'ont dit *non* à M. Henri. »

(1) Marquise de La Rochejaquelein, p. 81 et 94.
(2) Idem, p. 138.

Ils avaient conservé un tel souvenir de lui qu'ils disaient toujours: « Sous le règne de M. Henri. »

« L'un de ces Vendéens me raconta avoir fait un jour ce compliment à M. Henri, après une bataille où il s'était surpassé: « M. Henri n'est pas plus gros que le pouce aujourd'hui. » — « Comment cela? » reprit Henri. — « Si vous étiez plus gros que le pouce, vous auriez été tué vingt fois aujourd'hui » (1).

Un autre soldat, ayant passé la Loire, disait, en parlant de lui et de Bonchamps: « Ils s'entr'aimaient tous deux », et il racontait les reproches que Bonchamps adressait à Henri, un jour que celui-ci s'était témérairement glissé, presque seul, jusqu'aux bivouacs de l'ennemi pour reconnaître ses forces (2).

Après le combat, il était doux et compatissant et n'aurait voulu nuire à qui que ce fût. Il aimait à pardonner et usa, autant qu'il lui fut possible, de son influence pour délivrer les prisonniers.

(1) Genoude, *Voyage dans la Vendée*, éd. in-8°, 1821, p. 58.
(2) Idem, p. 95.

Il était bon, et les services qu'il rendait aux siens l'en faisaient chérir. Bonin, l'un de ses domestiques, avait été obligé, après le passage de la Loire, de prendre avec lui sa petite fille, et il la menait partout, attachée à sa selle. Un jour, dans un moment de désordre, l'enfant fut séparée de son père. Henri la trouva, la prit dans ses bras, la consolant et lui disant : « Non, je ne t'abandonnerai pas » (1).

Il n'avait aucune ambition et disait : « Si nous rétablissons le Roi sur le trône, il m'accordera bien un régiment de hussards. » Quand on le désigna comme généralissime, il fut désolé. Sa modestie était si grande qu'il craignait toujours les responsabilités et les honneurs. Au conseil, il s'endormait quelquefois ; si on le lui reprochait, il disait : « Pourquoi veut-on que je sois un général ? Je suis trop jeune, je voudrais être hussard, pour avoir le plaisir de me battre » (2). Il lui arriva bien souvent d'offrir le combat à ceux qu'il faisait prisonniers.

(1) *Souvenirs de famille.* Voir Appendice, note I.

(2) Marquise de La Rochejaquelein, p. 139.

Quand au conseil il n'était pas du même avis que les autres, ce qui arrivait souvent, il se contentait de dire : « Ils n'ont pas le sens commun, mais quand viendra le combat, ce sera à notre tour à commander et l'on nous obéira. »

CHAPITRE II.

Cependant, à la faveur de la nuit, Henri
de La Rochejaquelein parvint à gagner Saint-
Aubin. Il n'y resta que quelques instants et
se dirigea immédiatement sur Cholet, afin de
voir Cathelineau et de s'entendre avec lui (1).
Il arriva au moment où l'armée vendéenne était
gravement compromise, trouva les paysans
complètement découragés et revint à Saint-Aubin
triste et abattu. Sa tante commençait déjà à le
remonter, lorsqu'une foule de paysans, apprenant son arrivée, vinrent le supplier de se mettre

(1) Voir Appendice, note IV, le récit de l'abbé Deniau.

Le comte de la Boutetière, dans *le Chevalier de Sapinaud*,
p. 54, raconte que La Rochejaquelein alla au camp de l'Oie
demander au chevalier de Sapinaud de la Vérie de le prendre
comme aide de camp, et que celui-ci le renvoya en lui disant
d'user de son influence pour soulever les environs de Châtillon.

Nous ne trouvons aucune trace de ce voyage dans les souvenirs de famille, ni dans les Mémoires sur la guerre de la Vendée.

à leur tête, lui promettant dix mille hommes pour le lendemain. Confiant en leur parole, il accepte de les commander.

La nuit suivante, les paroisses de Saint-Aubin, des Echaubrognes, de Nueil, des Aubiers, des Cerqueux, d'Yzernay, de Saint-Clémentin, de Voultegon, de Somloire, d'Etusson et de Rorthais se lèvent en masse et accourent au rendez-vous. Quelques fusils de chasse, des fourches et des faux renversées sont les seules armes qu'ils possèdent ; quelques livres de poudre, trouvées chez un maçon, forment leurs munitions. Mais qu'importe ? Pleins de courage, tous se proposent de prendre bientôt ce qui leur manque dans les fourgons des républicains.

Le matin du 17 avril (1) Henri rassemble ses

(1) « Evénements du côté de Saumur, Angers, Niort. — Combat des Aubiers, le 17 avril, perdu par le général Quétineau. » Archives nationales A F ii, 265.

Mademoiselle de La Rochejaquelein (Souvenirs inédits) donne le 16 avril. Voir Appendice, note II, Extraits de « Mes Souvenirs. »

Ledain (Histoire de Bressuire, page 376) dit que, le 12, un groupe de paysans commandés, *parait-il*, par La Rochejaquelein fut repoussé par Quétineau entre les Aubiers et les Cerqueux.

Ce fut la petite troupe de MM. des Nouhes et de Calais qui fut dispersée le 12 avril.

hommes dans la cour de la Durbelière, et leur dit ces mots immortels qu'un Vendéen ne devrait jamais oublier : « Mes amis, si mon père était ici, il vous inspirerait plus de confiance, mais à peine vous me connaissez et je suis un enfant ; j'espère que je vous prouverai au moins par ma conduite, que je suis digne d'être à votre tête. SI J'AVANCE, SUIVEZ-MOI ; SI JE RECULE, TUEZ-MOI ; SI JE MEURS, VENGEZ-MOI ! » (1). On lui répondit par de grandes acclamations.

Avant de partir, il demanda à déjeuner : on voulut aller lui chercher du pain blanc, mais avec sa simplicité ordinaire il refusa, et se mit à manger avec ses paysans (2).

La petite armée, pleine d'ardeur et d'enthousiasme, se dirige sur les Aubiers que, depuis la veille, Quétineau occupe avec son détachement. Arrivés à quelques pas de la ville, La Roche-

(1) « C'était parler en héros ! » Napoléon, *Mémoires pour servir à l'Histoire de France*, dictés au général Montholon. Paris, 1823, t. VI, p. 212.

(2) « Henri se mêle à ses soldats, mange avec eux leur pain bis ; ce n'est pas un chef, c'est un ami, c'est un camarade, et dès lors il commence cette admirable fraternité qui démontra hautement que les gentilshommes étaient dignes de commander ces nobles paysans. » Johanet, *la Vendée à trois époques*, in-8°, t. I, p. 38.

jaquelein fait placer silencieusement ses hommes. Ils *s'égaillent* (1) derrière les haies et les arbres, et, au même instant, tous commencent le feu, aux cris répétés de « Vive la Religion, Vive le Roi ! » Les Républicains, qui s'étaient avancés sur le champ des Justices, à quelques pas du bourg, étonnés de recevoir des balles sans voir d'ennemis, se replient vers la ville. La Rochejaquelein les suit, se glisse dans un jardin avec quelques hommes, et la fusillade continue. Henri, fatigué bientôt d'être ainsi caché, monte sur le mur du cimetière, et, bien qu'exposé de tous côtés, se fait passer par son garde des fusils chargés, et tire sans interruption une quarantaine de coups. Les Bleus (2), furieux d'être tués sans pouvoir se défendre, font un mouvement en arrière pour se placer plus avantageusement. Henri profite habilement de l'occasion : « Mes amis, s'écrie-t-il, les voyez-vous, voilà qu'ils s'enfuient. » Les paysans se le persuadent, sautent par-dessus les murs et les

(1) *S'égailler*, se répandre, se diviser.

(2) Les Vendéens appelaient ainsi les Républicains, à cause de la couleur de leurs uniformes.

haies et paraissent de toutes parts. Les Républicains, effrayés d'une si soudaine et si impétueuse attaque, fuient en désordre, abandonnant soixante-dix morts, beaucoup de blessés, trois canons et des munitions de toutes sortes (1).

Ce brillant succès, dû en grande partie au courage héroïque d'Henri de La Rochejaquelein, enthousiasma les paysans et leur donna une réelle confiance en leur jeune chef. Ce fut le point de départ de l'influence immense qu'il eut toujours depuis, et du prestige merveilleux dont il demeura entouré jusqu'à sa mort. Ceux-mêmes qui avaient craint de se confier à sa jeunesse s'écrièrent : « *Quel gaillard !* » et devinrent ses plus grands admirateurs.

Henri se souvenant que l'armée d'Anjou est près de périr, faute de munitions, ne laisse aucun repos à ses hommes et part pour Tiffauges, après avoir renvoyé les prisonniers, en

(1) Ledain, *Histoire de Bressuire*, p. 376 et 377, dit que les Vendéens n'étaient que deux mille au combat des Aubiers. Selon lui également, Quétineau aurait eu sous ses ordres *deux mille cinq cents* hommes, et aurait perdu *trente* hommes faits prisonniers et *cent trente*, tués ou blessés.

leur faisant jurer de ne plus combattre en Vendée (1). Il arrive à Tiffauges (2), trouve l'armée dans un état pitoyable : plus de vivres, plus de munitions. Il est reçu avec bonheur ; ses munitions sont distribuées, le courage revient au cœur des plus désespérés, l'ardeur est aussi grande qu'au premier jour ; tous marchent sur Cholet et attaquent le manoir du Bois-Grolleau, que Tribert défend avec cent soixante grenadiers.

On apprend à ce moment que Boisard, à la tête de l'avant-garde du général Ligonnier,

(1) Henri de La Rochejaquelein montre là son dévouement à sa cause : il a appris que ses cousins de Lescure sont prisonniers à Bressuire, il sait qu'en quelques heures il peut les délivrer ; mais il sait aussi que l'armée d'Anjou peut être perdue par ce retard ; il n'hésite pas, laisse là sa famille, court et sauve l'armée.

(2) « Le mardi elle (l'armée de Cathelineau) se rendit à Tiffauges où elle fit séjour. A cette époque M. de La Rochejaquelein battit les Républicains aux Aubiers et leur prit deux pièces de quatre avec deux caissons. Pour lors, M. Henri envoya un courrier à Cathelineau, le priant de lui envoyer un canonnier pour manœuvrer les pièces qu'il avait prises et pour faire des cartouches, et lui demandant aussi, où ils pourraient faire leur jonction. Cathelineau lui envoya Gazeau, de Bégrolle, maître canonnier, invitant M. Henri à se trouver le jeudi suivant à Cholet. »

Mémoires inédits de M. Pauvert, de la Jubeaudière, sur la guerre de la Vendée, p. 7. Archives de Clisson.

s'avance au secours de Tribert. Aussitôt le gros de l'armée se porte au devant des ennemis, laissant seulement un faible détachement à Cholet. Le régiment de Boisard est rejoint et défait dans les landes des Pagannes (1). Ligonnier, qui arrive peu après, est battu à son tour le 19 avril, et les Vendéens sont maîtres de Vezins, Coron etc, etc (2). Les Républicains laissent sur le champ de bataille deux mille morts, huit cents prisonniers, de la poudre et des

(1) Une partie de la division de La Rochejaquelein était à Maulévrier sous les ordres de Tonnelet, de la Frogerie (paroisse des Echaubrognes). Dès le commencement de l'action, La Rochejaquelein envoya un courrier lui donner l'ordre d'avancer. Cet homme s'enivra et n'arriva que trop tard à sa destination. Toute la journée le brave Tonnelet entend la fusillade, mais fidèle à sa consigne, il attend jusqu'au bout les ordres de son chef, malgré les supplications de ses camarades.

Deniau, t. I, p. 437, témoignage de Louis Brard.

(2) « Il est bon de dire que M. Henri avait fait sa jonction avec Cathelineau à Cholet. Le jeudi, comme il avait été convenu, l'armée se mit en route et attaqua les Républicains sur la route. L'intrépide M. Henri, qui jusqu'alors, n'était pas connu de la grande armée, marcha en tête, poursuivit les Républicains jusqu'à Vihiers et par sa bravoure, gagna l'estime de tous les braves. Son commandement était toujours : « Celui qui m'aime me suit? » Cela était suffisant. Cette expédition faite, les Républicains du Bois-Groleau demandèrent à capituler, et se rendirent avec armes et bagages. »

Pauvert, *Mémoires inédits*, p. 8.

munitions (1). Ils sont tellement effrayés qu'ils n'osent rester à Vihiers et se retirent à Doué, d'où Ligonnier écrit à Berruyer le lendemain : « Presque tous mes volontaires ont non seulement refusé le service, mais ont déserté presque en totalité. J'en ai joint une grande partie à Doué, où j'espère qu'ils se croiront en sûreté avec deux cents hommes qui me restent du bataillon du Finistère » (2).

Le pays est libre entre Vihiers et Tiffauges, mais le Bois-Grolleau tient toujours ; l'armée entière s'y porte le 20 avril. Tribert se défend avec un courage opiniâtre, ses grenadiers font des prodiges de valeur. Tout est inutile, et la capitulation devient nécessaire ; c'est à La Rochejaquelein que Tribert veut remettre son épée : « Gardez, Monsieur, lui répond Henri, les armes dont vous vous êtes servi avec tant de courage » (3).

L'armée rentre en triomphe à Cholet, et y

(1) Deniau, t. 1, p. 437.

(2) Ligonnier au ministre de la guerre, 20 avril. Crétineau-Joly, t. 1, p. 96.

(3) Crétineau-Joly, t. 1, p. 97.

passe la journée du 21 à célébrer sa victoire par le chant du Te Deum et par une fête religieuse. Le soir même, des éclaireurs reviennent de Beaupréau apprendre aux généraux que Gauvilliers s'y est installé et menace le pays. D'Elbée, Bonchamps, Stofflet, Cathelineau, La Rochejaquelein s'y rendent dans la matinée du 22 avril.

La ville avait été préparée pour la défense, et les Républicains s'y étaient fortement retranchés, utilisant la rivière et le château, et garnissant le pont d'une artillerie formidable.

Cathelineau, Stofflet, d'Elbée passent la rivière sur des échelles avec leurs hommes et gravissent le coteau, La Rochejaquelein ouvre une vive fusillade contre le château, enfin Richaudeau est envoyé avec ordre de tourner le parc et d'attaquer sur les derrières. Les soldats de Gauvilliers, après une belle résistance, s'aperçoivent qu'ils vont être tournés: ils s'effraient et faiblissent. Les Vendéens voient cette incertitude et se portent vers le pont, pour tenter de s'y faire un passage. Mais arrivés là, ils se troublent, l'artillerie qui défend le pont leur paraît inattaquable, ils vont reculer. La Rochejaquelein arrive, prend le fusil de l'un de ceux qui hésitent, s'élance en avant, et fait feu (1). Stofflet et quelques cavaliers l'imitent, le pont est emporté et l'armée entre dans la ville. Les Républicains se replient sur Montrevault et le Pin dans un affreux désordre; plusieurs régiments ne se reforment qu'à Angers. La Rochejaquelein qui dirige la poursuite, n'est arrêté que par la Loire; les postes laissés par Gauvilliers se sont enfuis à son approche; tout le pays est libre.

Ce fut la première grande victoire des Vendéens. Les résultats en furent immenses: la confiance revint partout, les munitions et l'artillerie donnèrent à l'armée la seule force qui lui manquât (2). Les Républicains, consternés

(1) Deniau, t. I, p. 118, d'après des notes communiquées par le Mis de Civrac.

(2) « ... Alors Beaupréau tomba au pouvoir des Brigands qui firent cinq cents prisonniers républicains et prirent sept pièces de canon. »

Pauvert, *Mémoires inédits.* p. 9.

par la déroute complète de Gauvilliers, par la perte de trois mille hommes et d'une forte artillerie, comprirent qu'il fallait désormais compter avec les Vendéens, et quelques jours après Berruyer écrivait au ministre: « Il faut surtout qu'on ne croie pas, à Paris, que cette guerre est de peu d'importance. Les rebelles ont plus de vingt-cinq mille hommes sous les armes, leurs chefs sont expérimentés et audacieux » (1).

Ce succès eut encore un autre résultat: l'armée de Charette que quelques revers avaient découragée reprit confiance, en apprenant une si belle victoire, et se porta de nouveau au devant de l'ennemi.

Nous avons vu La Rochejaquelein sacrifier sa famille au bien de tous, lorsqu'après les Aubiers, il s'est porté vers l'armée d'Anjou. Maintenant que la cause est sauvée, il songe aux siens. L'armée quitte Cholet le 30 avril, prend d'assaut la ville d'Argenton-Château le 1er

---

(1) Savary, *Guerres des Vendéens et des Chouans*, par un officier supérieur, in-8°, Beaudoin 1824, t. I, p. 175.

mai (1), y épargne les prisonniers et se met en marche pour Bressuire (2).

Les soldats du brave Quétineau, pris de peur à l'approche des Vendéens, quittent précipitamment la ville et se replient sur Thouars. Bressuire évacuée, la famille de M. de Lescure devenue libre, prend le chemin de Clisson. Les Vendéens entrent à Bressuire quelques heures

(1) .... Malgré leur petite résistance et leurs remparts, les Brigands entrèrent, ayant à leur tête M. Henri qui poursuivit les Républicains comme de coutume... Pendant que M. Henri poursuivait les Républicains au loin, Cathelineau cria : « *Aux armes* » en disant que M. Henri était mort ou prisonnier. Il fit partir toute la cavalerie pour *le délibérer*. La cavalerie partit au galop, et à distance d'une lieue à peu près d'Argenton, ils trouvèrent une colonne de Républicains entre eux et M. Henri, qui était seul avec deux cavaliers des siens, appelés Quesson et Godard. M. Henri, voyant la cavalerie royale, se lança au galop avec les deux cavaliers au milieu des baïonnettes, et se sauva avec eux, ayant un peu de sang à la main gauche. L'armée partit deux jours après pour Bressuire. »

Pauvert, *Mémoires inédits*, p. 10.

(2) Quelques historiens, Bourniseaux, Beauchamp, ont prétendu que la garnison avait été passée au fil de l'épée. Deniau t. II, p. 11, cite deux témoins oculaires affirmant le contraire. Eug. Veuillot, *Guerres de la Vendée*, in-32, p. 92, dit également que c'est faux. Crétineau-Joly, *Vendée militaire*, t. I, p. 100, affirme qu'on fit grâce aux prisonniers. Savary, t. I, p. 206, dit que les Républicains n'étaient que quatre à cinq cents. et qu'Argenton pris, ils se replièrent sur Bressuire.

après, et Henri se hâte de rejoindre Lescure. Joyeux d'avoir contribué à la délivrance de tous, il se jette dans leurs bras, disant avec une profonde émotion: « Je vous ai donc sauvés. »

On lui raconte que les patriotes de Bressuire , effrayés par l'approche des Brigands, sont arrivés en grand nombre à Clisson, demander asile et protection. Ces malheureux, terrifiés par la présence d'un des chefs, se jettent à ses pieds; Henri les rassure, et leur dit qu'ils ont eu une bonne idée et qu'ils ont sagement agi en venant se mettre à l'abri des Brigands dans leur propre château. « M. de Lescure fit ensuite embrasser par Henri toutes les femmes, pour les raccommoder avec cette espèce de monstre tant redouté » (1).

La joie était extrême parmi les Vendéens. De si beaux succès avaient enflammé tous les cœurs et le courage des paysans faisait l'admiration des officiers : « Nous n'étions occupés et nous ne parlions, avec Henri, que du courage et de l'ardeur des paysans » (2).

(1) Marquise de La Rochejaquelein, p. 129.
(2) Idem, p. 130.

Lescure et Henri retournèrent presqu'aussitôt à Bressuire. Ils en revinrent le 3 mai, conduisant un détachement avec lequel ils devaient donner une fausse alerte à Parthenay. Pendant le déjeuner, trois patriotes de Bressuire, arrivérent armés, pour chercher leurs femmes. Les paysans, les prenant pour des éclaireurs de l'armée ennemie, voulaient les tuer; Henri eut beaucoup de peine à leur faire comprendre la vérité, et à les empêcher d'exécuter leur dessein. Vers midi, la petite troupe commandée par La Rochejaquelein et Lescure partit pour Parthenay. Mme de Lescure et tous les habitants de Clisson se rendirent à Bressuire pour y voir les braves paysans, et de là, gagner le château de la Boulaye, près Châtillon.

Les Vendéens se conduisirent de la façon la plus admirable pendant leur séjour à Bressuire. Ils détestaient cette ville souillée plusieurs fois par le massacre des leurs; cependant ils ne s'y permirent aucun désordre et se contentèrent de démolir quelques murs à coups de pique. « Nous étions dans une chambre avec une trentaine de soldats; je les entendis se demander les uns

aux autres du tabac et s'affliger de n'en pas
avoir; j'interrogeai l'un d'eux pour savoir si on
n'en trouverait pas dans la ville; il me répondit
qu'on en vendait, mais que n'ayant pas d'argent
pour en acheter, ils aimeraieut mieux mourir
que piller. Je chargeai cet homme d'aller en
chercher deux livres et je les lui donnai pour
ses camarades; j'eus beaucoup de peine à les
faire accepter » (1).

Henri de La Rochejaquelein présenta à
Mme de Lescure un jeune homme de 17 ans,
Forestier, fils d'un cordonnier de la Pommeraie-
sur-Loire, qui, par sa bravoure, son dévouement,
son honnêteté, avait acquis l'estime de tous.
Forestier depuis ne quitta jamais La Rochejaquelein et le seconda vaillamment. Lescure,
décidé depuis longtemps à entrer dans la lutte,
envoya avertir les paroisses voisines qui, toutes,
se soulevèrent. Ces nouvelles et importantes
recrues, auxquelles il faut ajouter messieurs de
Marigny et de Donnissan, se joignirent à l'armée, et le 4 mai, tous partirent pour Thouars.

(1) Marquise de La Rochejaquelein, p. 136.

CHAPITRE III.

THOUARS. — LA CHATAIGNERAIE. — FONTENAY.

VICTOIRE DE FONTENAY.

Le 5 mai, l'armée vendéenne est devant
Thouars. Donnissan et Marigny occupent le
port St-Jean; Cathelineau, d'Elbée, Stofflet, le
port du Bec-du-Château; Lescure et La Rochejaquelein, les hauteurs de Ligron; Bonchamps,
le Gué-aux-Riches. Ces trois derniers doivent
commencer l'attaque.

Dès six heures du matin, La Rochejaquelein
et Lescure prennent position avec mille à douze
cents hommes, sur les hauteurs qui dominent le
pont de Vrine. Trois bataillons et trois pièces
d'artillerie défendent le passage, et sont sou-
tenus par des troupes de réserve. La fusillade
est vive de part et d'autre. Lescure se multiplie,
La Rochejaquelein se porte de rang en rang,
sous une pluie de balles (1): ils veulent en-

(1) « Nous vînmes rejoindre l'infanterie de M. de Bonchamps
avec l'artillerie, et la cavalerie avança à la barbe de l'ennemi

traîner leurs soldats vers le pont. Tout à coup, on s'aperçoit que la poudre va manquer, Henri court en chercher. Lescure continue ses efforts. Deux fois il se précipite vers le pont ; ses habits sont criblés de balles ; les paysans hésitent toujours. Une troisième fois il s'engage sur le pont même ; La Rochejaquelein, Forestier et un autre arrivent au galop, et tous quatre le traversent heureusement. L'élan est donné, les paysans électrisés s'ébranlent et suivent leurs vaillants chefs.

Bonchamps, Donnissan, Marigny attaquent de leur côté, et enlèvent tous les passages. Quétineau, obligé de se retirer vers la ville, est enfin forcé de s'y renfermer. L'armée victorieuse arrive sous les murs de Thouars. C'est un assaut qu'il faut tenter, et l'artillerie trop faible, ne peut entamer les remparts. La Rochejaquelein s'en aperçoit et trouve le moyen

qui fit une sortie hors Thouars, au devant de nous avec son artillerie. MM. Henri, de Bonchamps et Cathelineau restèrent en observation entre nous et les Républicains qui tiraient continuellement. »

Pauvert, *Mémoires inédits.* p. 11.

d'y remédier : avec sa témérité ordinaire il s'écrie : « A l'assaut ! » L'armée entière répète : « A l'assaut, à l'assaut !.. » se précipite vers les murs, et sous la mitraille, essaie de les démolir à coups de pique.

Ce moyen semble encore trop lent à Henri. A défaut d'échelle, il se hisse sur les épaules de Texier, grand et brave *gars* de Courlay, éloigne à coups de fusil les Républicains qui tentent de l'arrêter, arrache les pierres avec ses mains et ouvre une brèche (1). Ses soldats l'imitent et le suivent, criant : « Vive M. Henri, le bon Dieu est avec lui, les Bleus sont perdus » (2). Quétineau, voyant que toute défense est devenue inutile, demande à capituler.

La ville est prise d'assaut (3). Malgré les lois

(1) Théodore Muret, *Vie populaire de Henri de La Rochejaquelein*, p. 15.

(2) Abbé Deniau, t. II, p. 30 et 32. — Il ajoute que « Henri sur la brèche, servait de point de mire aux coups de l'ennemi, et qu'il eut son fusil brisé entre les mains, à six pouces de la batterie. »

(3) « Angers, 8 mai 1793, Richard, représentant du peuple, annonce que trois mille cinq cents hommes ont été faits prisonniers dans Thouars, que les ennemis font des progrès si grands qu'ils glacent tout le monde d'effroi. Il demande des troupes

de la guerre qui permettent de passer la garnison par les armes et de piller la ville, la vie sauve est accordée aux soldats, la propriété de tous, respectée. Lescure et La Rochejaquelein prennent sous leur protection les autorités. Aucune représaille n'est exercée, et pourtant, les habitants de Thouars ont pris part, peu de temps auparavant, aux massacres des moulins de Cornet, et les soldats ont égorgé onze paysans des environs de Bressuire (1).

La prise de Thouars fit tomber aux mains des Vendéens six mille fusils, douze canons, de la poudre, des assignats, du blé et des chevaux. Elle donna un nouveau prestige à l'armée (2), montra ce que pouvaient ses braves soldats et

nombreuses et sûres par leur civisme, leur discipline et leur bravoure. » Enregistrement de la correspondance au Comité du Salut public. *Archives nationales, Fond de la secrétairerie d'Etat.* A F ii, 265.

(1) « Chinon, 10 mai 1793. Tallien annonce.... qu'on trouve sur les routes grand nombre de prisonniers faits à Thouars, et que les ennemis renvoyent faute de subsistances... Idem.

(2) « Tours, 6 mai. Tallien, commissaire de la Convention nationale, demande des armes, des munitions, des hommes, des fonds et des subsistances pour arrêter les rapides progrès des rebelles » Idem.

augmenta, aux yeux des révolutionnaires, la réputation de La Rochejaquelein. « Ce dernier, dit
Grille, montra ce qu'on devait attendre de lui;
s'il ne dirigea pas toute l'attaque, il s'y porta du
moins avec une intrépidité qui donna l'exemple
à toutes les bandes. Il était le plus jeune des
chefs, peut-être de toute l'armée; mais le coup
d'œil, l'épée, l'âme, tout était d'un génie destiné à de grandes choses. Il était au pont de
Vrine, il était à la muraille, à la porte de Montreuil, le premier il entra par la brèche à la
porte de Paris, et les paysans le suivaient en
criant: « Vive monsieur Henri! c'est le bon
Dieu qui est son maître et le nôtre, les Bleus
sont perdus » (1).

Le brave Quétineau, prisonnier, refusa toutes
les offres qui lui furent faites de rester avec les
Vendéens; on le laissa partir en lui remettant
le sauf conduit suivant:

« Nous, généraux de l'armée catholique et
royale, permettons à M. Pierre Quétineau,
breveté lieutenant-colonel d'un bataillon de vo-

____

(1) François Grille, *La Vendée en* 1793, in8°, 1851, t. I, p. III.

lontaires, commandant la garnison de Thouars, d'aller où bon lui semblera, convaincus que l'honneur le portera, tant qu'il restera prisonnier, à ne point porter les armes contre nous, à moins qu'un échange ou un autre arrangement de droit ne l'ait délivré de sa captivité. Le même engagement l'engagera, nous l'espérons, à rendre un compte sincère et fidèle de la manière humaine et généreuse avec laquelle nous nous sommes conduits envers les troupes faites prisonnières sous ses ordres.

« Fait à Thouars, le 8 mai 1793.

Signé : BONCHAMPS, DONNISSAN, D'ELBÉE, LA ROCHEJAQUELEIN, CATHELINEAU, LESCURE. — QUÉTINEAU. »

Après quarante-huit heures de séjour à Thouars, l'armée se dirigea sur Parthenay, y entra sans coup férir, et y passa la journée du 11 mai. Les généraux vendéens, afin de montrer aux habitants de la ville leurs véritables sentiments, publièrent la proclamation suivante :

« Nous, commandants des armées catholiques et royales, n'ayant pris les armes que pour soutenir la religion de nos pères et pour rendre à notre auguste et légitime souverain, Louis XVII, l'éclat et la solidité de son trône et de la couronne ; n'ayant d'autre but que d'opérer le bien général ; proclamons hautement que si, contre nos bonnes et loyales intentions, messieurs les clubistes et tous autres perturbateurs du repos public venaient à reprendre les armes contre la plus sainte et la plus juste des causes, nous reviendrions les punir avec la plus grande sévérité. La manière dont nous nous sommes comportés à l'égard de tous les habitants de cette ville, devant leur prouver que tous nos efforts et tous nos vœux sont pour la paix et la concorde, nous déclarons en conséquence prendre sous notre protection spéciale tous les braves et honnêtes gens, amis du bien public, promettant que, si nos intentions étaient trompées à cet égard, nous cesserions toute clémence envers les rebelles.

« A Parthenay, le 11 mai 1793.

Signé : La Rochejaquelein, d'Elbée, Cathelineau, La Bouère, Desessarts, de Beauvollier, d'Armaillé, Langlois, Cailleau. »

De Parthenay l'armée se porte sur la Châtaigneraie que défendent les trois mille hommes de Chalbos. Le 13 mai, après un combat acharné de deux heures, la ville est emportée malgré la belle résistance des Républicains. La guillotine dressée sur la place est encore teinte du sang vendéen; quelques soldats transportés de colère, parlent de vengeance et veulent massacrer les prisonniers. La Rochejaquelein l'apprend, accourt, se jette au milieu des plus furieux : « Misérables, que faites-vous là ? — Nous égorgeons ceux qui ont égorgé nos amis, leurs femmes et leurs enfants. — Mais leur répond-il, si vous agissez comme ceux qui font le mal, où est la bonne cause?» et à force de supplications et d'autorité, il empêche le massacre (1).

Les jours suivants, les paysans, pressés de revoir leurs familles, quelques-uns même, mécontents de n'avoir pu se venger comme ils

(1) Deniau, t. II, p. 52, d'après l'attestation de Louis Brard, témoin oculaire. La marquise de La Rochejaquelein : *Notes sur la Vendée militaire de Crétineau-Joly*, publiées par Grimaud, dit, p. 9 : « On pilla quelques maisons à la Châtaigneraie, mais on ne fit de mal à personne. »

l'avaient espéré, retournèrent chez eux, et l'armée se trouva bientôt réduite à sept mille hommes (1).

Il avait été convenu que de la Châtaigneraie on marcherait sur Fontenay, ville de la plaine où s'était retiré Chalbos. Voyant la défection d'un aussi grand nombre d'hommes, les généraux auraient dû renoncer à leur projet ou le remettre à plus tard. Mais Stofflet qui désirait vivement cette entreprise, obtint qu'on tentât l'aventure. Le 15, l'armée coucha à Vouvant et le 16, se présenta devant Fontenay.

Lescure et La Rochejaquelein, qui commandent l'aile gauche, combattent vaillamment et arrivent aux retranchements. Là, ils s'aperçoivent que le reste de l'armée a faibli, et que, sous peine d'être bientôt enveloppés, il leur faut se replier. Entourés de leurs braves, ils se mettent alors à l'arrière-garde, et protègent la retraite de toute l'armée. Malgré leurs efforts, un grand nombre de canons, parmi lesquels

(1) Marquise de La Rochejaquelein, p. 154.

Veuillot, *Guerre de la Vendée*, p. 102, et Deniau, t. II, p. 53, disent huit à dix mille hommes.

se trouve Marie-Jeanne, presque toutes les armes et les munitions tombent aux mains de l'ennemi. Plus de six cents hommes restent sur le champ de bataille, (1) et la pauvre armée, profondément atteinte, regagne en hâte le Bocage, laissant les Républicains triomphants célébrer leur victoire. « Enfin l'armée catholique est aux abois et a plus de confiance dans ses jambes que dans *les foudres de ce Dieu qu'elle outrage*, écrit Sandos au ministre. Croyez que ce ne sera pas la dernière victoire que nous remporterons. Avant de me reposer, je veux purifier la terre *de la liberté* de ses ennemis (2). »

La bataille du 16 mettait les Républicains dans la plus grande sécurité : « L'ennemi est abattu de sa dernière défaite, écrivait Goupilleau à Boulard, j'ai peine à croire qu'il ose jamais se représenter devant nous (3). »

(1) Crétineau-Joly, t. I, p. 113. Eug. Veuillot, p. 103. Deniau, t. II, p. 56.

(2) *Sandos au ministre de la guerre*, Savary, t. I, p. 222.

(3) *Goupilleau au général Boulard*, Savary, t. I, p. 223.

Si les braves paysans avaient été découragés pour un instant, ils n'en avaient pas moins emporté au fond de leurs cœurs un désir de vengeance qui ne devait pas tarder à les faire revenir plus nombreux et plus forts. Ordre fut donné de se réunir le 21 mai à Cholet et à Châtillon. Les généraux parcoururent la campagne ; Cathelineau surtout allait partout, encourageant, et promettant la victoire. Le pays entier répondit à l'appel, et le 22 mai, trente-cinq mille hommes (1) se mettaient en marche pour Fontenay, sous les ordres de Cathelineau, D'Elbée, Lescure, La Rochejaquelein et Sapinaud.

Le 25, après avoir traversé La Châtaigneraie, l'armée arriva près de la plaine de Fontenay. L'enthousiasme des paysans était extrême et leur piété touchante : attribuant le désastre de Fontenay aux quelques excès commis à la Châtaigneraie, ils se préparèrent au combat en chrétiens, demandant pardon de leurs fautes et implorant avec foi la protection divine. Ils entonnèrent le *Vexilla Regis* en entrant dans

(1) Beauchamp, *Histoire de la guerre de la Vendée*, t. 1, p. 173.

la plaine ; et lorsqu'ils eurent fini : « Mes enfants, leur dirent avec entrain les généraux, nous n'avons pas de poudre, allons reprendre Marie-Jeanne à coups de bâton, comme au commencement ; à qui courra le plus vite, on ne peut pas s'amuser ici à tirer. » (1)

Dix mille hommes d'élite (2), trente-sept pièces d'artillerie défendent Fontenay ; de nombreux retranchements ont été construits ; Chalbos commande l'armée ; de braves officiers le secondent ; sept représentants du peuple assistent au combat. Mais les Vendéens ont prié, tous se sont préparés à mourir ; leur sort personnel n'est plus rien, le salut de tous dépend de la victoire, il faut vaincre !

L'attaque commence de tous les côtés à la fois, les chefs sont partout à la tête des paysans, c'est à qui montrera le plus de courage. Lescure s'avance seul, ses habits sont troués : « Vous voyez, mes amis, crie-t-il aux siens, les Bleus ne savent pas tirer. » Sans penser au danger,

(1) Marquise de La Rochejaquelein, p. 159.
(2) Idem, p. 159.
Savary n'en accuse que cinq mille cinq cents. t. 1, p. 229.

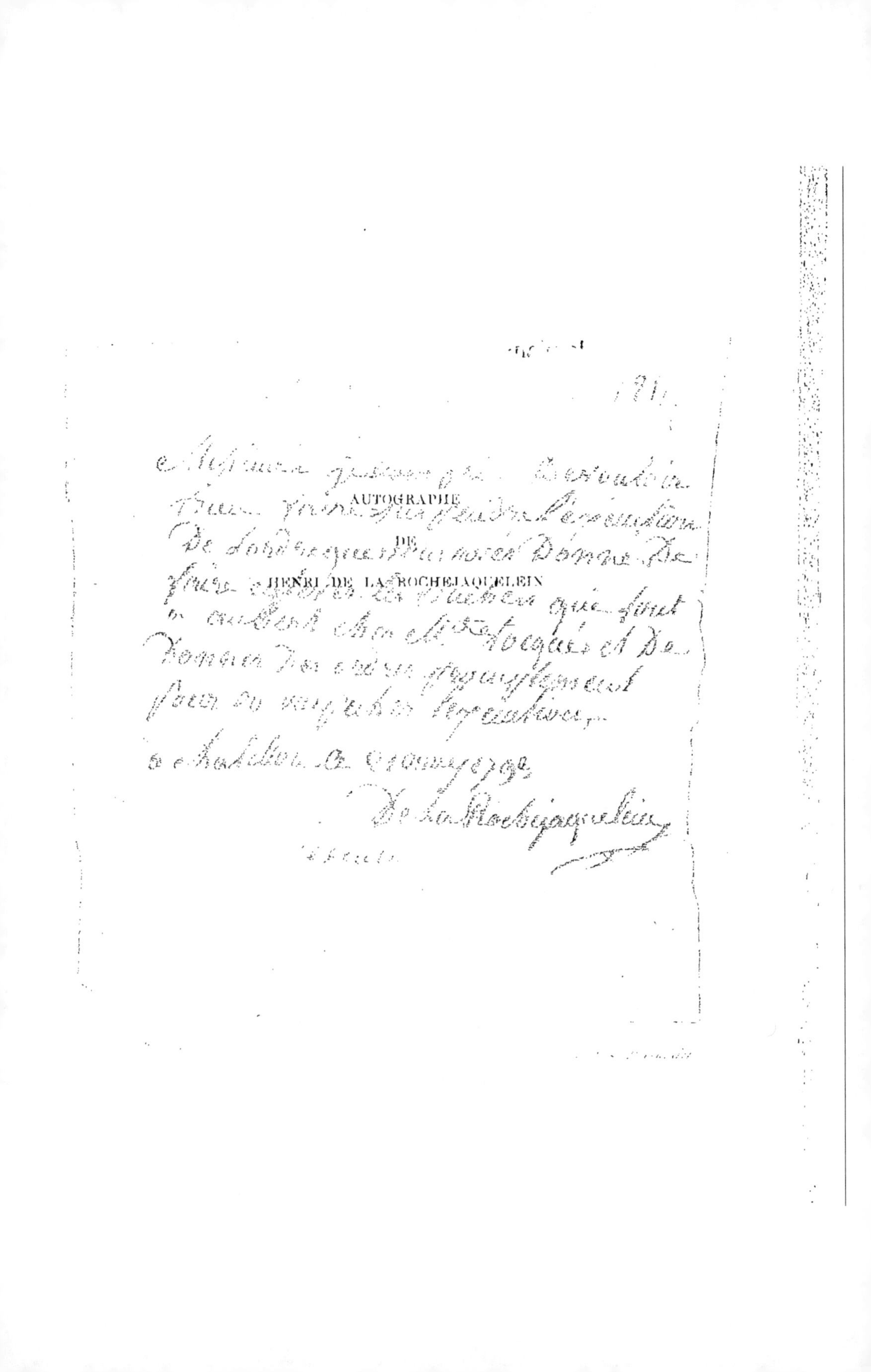

[illegible] [illegible] Les généraux,
[illegible] nous reprendre
[illegible] de [illegible] au
[illegible] qu[illegible] le plus vite, on
ne peu[illegible] (1) à [illegible]

Dix mille hommes d'[illegible] [illegible] [illegible] pièces
d'artillerie dé[illegible] prennent [illegible] nos deux
retranchements [illegible] vaillan[illegible] Charles,
commande l'armée; de braves officiers le secondent; sept représentants du peuple assistent
au combat. Mais les Vendéens [illegible] prê[illegible] tous
se sont préparés à mourir; [illegible] n'est pas [illegible]
n'est plus rien, le salut de [illegible] appel de [illegible]
victoire, il faut vaincre!

L'attaque commence de tous les côtés à la
fois, les chefs sont partout [illegible] tous les paysans,
c'est à qui montrera le plus de [illegible] L'ennemi
s'avance seul [illegible] [illegible] [illegible] Voir
voyez, allez [illegible]
ne savent pas tirer [illegible]

(1) Marquise de [illegible]
(2) Idem, p. 159.
Savary n'en accuse que [illegible]

Messieurs je vous prie de vouloir
bien faire suspendre l'exécution
de l'ordre que vous avez donné de
faire enlever les Bûches qui sont
a aubert chez eliotetocqué, et de
Donner Des ordres promptement
pour en arrêter l'exécution,—
à Chatillon le 21 may 1793

De La Rochejaquelein

Lescure,

les paysans le suivent. Un calvaire se présente, tous aussitôt se mettent à genoux, se
découvrent, et font leur prière. La Ville-Baugé
veut les faire lever : « Laissez-les prier Dieu,
lui dit Lescure, ils se battront mieux ensuite. »

Sur toute la ligne le combat est acharné.
La résistance est héroïque car les Républicains sont braves et veulent garder Fontenay. Mais le courage des Vendéens surpasse
tout ; ils n'ont pas de poudre, à peine quelques
mauvaises armes, les cartouches manquent,
qu'importe ! S'ils en demandent, Marigny leur
montre les caissons de l'ennemi. « Allons les
gars, s'écrie Henri, s'il n'y a pas de poudre
dans vos poches, les Bleus en ont, » (1) et tous
se précipitent, *ils foncent,* comme ils disent, et
souvent emportent à coups de bâton des batteries entières.

Cependant La Rochejaquelein et Dommaigné, à la tête de la cavalerie, ont enfoncé

Crétineau-Joly, t. I, p. 144, dit que Chalbos avait reçu un renfort
de onze mille hommes.

Deniau, t. II, p. 65, porte à 15 mille le nombre des Républicains.

(1) Crétineau-Joly, t. I, p. 144.

le centre de l'armée républicaine. Sans per
dre de temps, ils se portent vers l'aile gauche et entraînent la victoire à leur suite.
Un officier du 13ᵐᵉ chasseurs aperçoit La Rochejaquelein, court à lui et semble lui offrir le
combat. Henri s'avance; le cheval du Bleu s'abat.
« Rendez-vous, vous aurez la vie sauve, » lui
crie Henri. L'officier, au lieu de répondre,
ajuste et tire ses deux coups de pistolet, (1) puis,
jetant ses armes désormais inutiles, il s'é-
crie : « Je me suis satisfait, satisfais-toi
maintenant! » Henri avec calme regarde son
ennemi : « Eh bien, lui dit-il, ma seule satisfaction est de te laisser vivre. » Et il se jette de
nouveau dans la mêlée. (2)

Les Républicains sont en déroute, les Vendéens l'emportent de tous côtés. Lescure entre
le premier dans Fontenay; tous le suivent; la
ville est en leur pouvoir. Quarante canons, trois
mille prisonniers, des munitions en abondance

----

(1) Crétineau-Joly, t. I, p. 115. Deniau, t. II, p. 69.

(2) Beauvais, *Mémoires sur la guerre de la Vendée*, p. 18, dit
que l'officier de chasseurs tira sur Henri non seulement avec
ses pistolets d'arçon, mais encore avec ses pistolets de poche.

sont le fruit de ce beau triomphe, de cette victoire importante qui jette la terreur parmi les Républicains du pays et dans toute la France (1). « Vous avez su notre déroute, écrit le chef d'Etat-major, Nouvion, le soir du 25, elle est complète. » — « La canonnade, dit à son tour, le 26, l'ordonnateur de l'armée républicaine au ministre, à duré environ deux heures. L'ennemi, sans canon, s'est avancé sur trois colonnes. Le feu de la mousqueterie se soutenait ; mais, la cavalerie ne donnant point, le désordre s'est mis parmi la troupe, en sorte que la déroute est devenue générale. . . . . nous avons affaire à un ennemi qui brave tous les dangers » (1).

Le premier soin des Vendéens, en entrant à Fontenay, fut de délivrer ceux des leurs qui y étaient prisonniers. Bibard, brave chef de la paroisse de la Tessoualle, avait été trouvé

----

(1) « Personne ne sait ce qu'il y avait avant l'incompréhensible déroute de Fontenay, ni ce que l'on y a perdu ; on sait seulement que c'est très considérable ; on ne sait pas mieux ce qui en reste. » Biron au Comité du Salut public, H. Wallon. *Les représentants du peuple en mission*, t. I, p. 118.

(2) Savary, t. I, p. 229 et 230.

couvert de vingt-six blessures sur le champ de bataille du 16 mai, et confié à un farouche Républicain qui le maltraitait sans cesse. Lorsque l'armée vendéenne se présenta devant Fontenay, Bibard, un peu remis, parvint à désarmer son gardien et à le tenir en respect jusqu'à l'entrée des Vendéens dans la ville. Ce soldat brutal retrouvé et confronté avec Bibard tremble, car il s'attend à subir le sort qu'il a si bien mérité. Mais Bibard est chrétien autant que brave; déposant tout ressentiment, il demande et obtient la grâce de son bourreau. S'approchant ensuite, il lui dit à voix basse : « Souviens-toi que je t'ai pardonné pour l'amour de Jésus-Christ. » Un des généraux, ému de cette sublime générosité, se jette dans les bras de Bibard en s'écriant : « Pour un verre de mon sang, je ne voudrais pas que tu te fusses montré moins généreux. Ces misérables qui nous accusent des massacres commis par eux, seront bien forcés aujourd'hui de reconnaître qu'il y a plus d'humanité dans notre âme que dans la leur » (1).

(1) Théodore Muret, t. I, p. 144, Crétineau-Joly, t. I, p. 149, et Bourniseaux, t. I, p. 395, attribuent cette réponse à Henri de La Ro-

La ville était prise ; c'était un beau succès, et cependant les paysans n'étaient pas contents : Marie-Jeanne avait été emmenée ! Quelques hommes déterminés, sous la conduite de Forest, se lancent à sa poursuite, la rejoignent, se battent avec fureur, s'emparent de la précieuse pièce et la ramènent en triomphe.

Les prisonniers furent mis en liberté (1). On se contenta de les tondre afin de pouvoir les reconnaître et les punir si, au mépris de leur serment, ils continuaient à se battre en Vendée.

chejaquelein. La marquise de La Rochejaquelein ne la donne pas. Deniau, t. II, p. 72, l'attribue à Stofflet sur les témoignages produits par Edmond Stofflet dans son ouvrage : *Stofflet et la Vendée*, p. 80. Johanet, *La Vendée à trois époques,* t. I, p. 73, dit que Bibard lui nomma Stofflet, mais qu'il ne peut certifier le fait, sachant que quelquefois Bibard a nommé La Rochejaquelein. La vieillesse et 26 blessures suffisent, selon lui, pour expliquer ce défaut de mémoire.

(1) « M. de Ste..... s'était trouvé parmi les prisonniers, il s'était réclamé à La Rochejaquelein qui l'avait accueilli avec bonté et l'avait engagé fortement à le suivre pour la défense de la monarchie. . . . Dans la maison où ils se trouvaient, les lits manquant, La Rochejaquelein avait partagé sa couche avec lui. Ce gentilhomme aurait dû conserver de la reconnaissance pour un parti dont il avait eu à se louer. Sous la Restauration, devenu officier supérieur dans la gendarmerie, il se montra ardent doctrinaire, et l'un des plus chauds opposants des Bourbons. » (*Mémoires d'un père à ses enfants*, p. 167) cité par Deniau, t. ii, p. 80.

La ville fut traitée avec la plus grande modération ; ce qui n'empêcha pas certains représentants d'écrire à la Convention cette calomnie
infâme : « ... L'ennemi... a évacué Fontenay,
mais il n'est parti qu'après avoir tout pillé et
dévasté. Les propriétés des aristocrates n'ont
pas été respectées (1). » Lequinio, conventionnel
en mission à Fontenay, ne peut s'empêcher de
parler, au contraire, de la bonne tenue des Vendéens. Il défigure leurs intentions, mais son
témoignage n'en est pas moins convaincant :
« A Fontenay-le-Peuple, dit-il dans son rapport
à la Convention, beaucoup de patriotes m'ont
assuré que, lors de la prise de cette ville, les
chefs des rebelles recommandaient partout le
bon ordre et employaient partout le simulacre
hypocrite de la sagesse et de la bonté pour se
faire des partisans. Et sans doute qu'aucun
être pensant ne contestera l'efficacité d'une
pareille méthode, quelles que fussent alors la
profonde scélératesse de la combinaison et la
perfidie de son but » (2).

(1) *Séance de la Convention du 3 juin. Moniteur du 6 juin.*
(2) *Guerre de la Vendée et des Chouans,* par Lequinio, représentant du peuple. *Réflexions,* p. 185, note 1.

Il était important de maintenir l'ordre et la discipline dans la ville, Stofflet fut nommé commandant de la place. Aucun uniforme n'avait encore été adopté par les généraux, et nul insigne ne les distinguait des soldats. A ce dernier combat, Henri ayant porté autour de sa tête, à son cou et à sa ceinture des mouchoirs rouges de Cholet, plusieurs officiers vinrent, le soir, le supplier de quitter cet accoutrement, lui disant qu'ils avaient entendu les Bleus crier : « Tirez sur les mouchoirs rouges. » Comme il n'en voulut rien faire, les officiers adoptèrent cette mode, d'un commun accord (1).

L'abbé Bernier et le chevalier des Essarts rédigèrent une adresse au peuple Français, que signèrent tous les chefs : « Le Ciel se déclare pour la plus sainte et la plus juste des causes. Le signe sacré de la croix de Jésus-Christ et l'étendard royal l'emportent de toutes parts sur les drapeaux sanglants de l'anarchie. . . . nous croyons devoir proclamer hautement nos projets.

____

(1) Henri ne voulut pas céder au désir des officiers, disant que c'était inutile, et ajoutant : « d'ailleurs ils me reconnaîtraient toujours. » Théodore Muret, *Vie Populaire*, p. 16.

Nous connaissons le vœu de la France, il est
le nôtre : c'est de recouvrer et de conserver à
jamais notre sainte religion catholique, aposto-
lique et romaine ; c'est d'avoir un roi qui nous
serve de père au dedans et de protecteur au
dehors ; ...... » Puis, après un appel chaleureux
à la loyauté du pays, et un exposé de la justice
de leur cause, ils terminent en souhaitant
l'union de tous pour le bien : « C'est alors,
ajoutent-ils, que, confondant dans l'amour du
bien public tous nos ressentiments personnels
et jusqu'à nos moindres sujets de méconten-
tements réciproques, de quelque parti, de
quelque opinion que nous nous soyons montrés,
pourvu que nos cœurs et nos mains n'aient pas
trempé dans le crime, nous nous réconcilierons,
nous nous unirons tous au sein de la paix pour
opérer le bien général et donner à la France,
avec son Roi et son culte catholique, le bonheur
qu'elle attendit en vain de ses représentants
infidèles. Tels sont, nous osons le répéter et le
proclamer hautement, tels sont nos vœux, tels
sont les vœux de tous les Français. Qu'ils osent
les manifester et la France est sauvée. »

Cette adresse, qu'on répandit le plus possible,
n'eut qu'un faible retentissement ; l'Ouest seul
répondit à l'appel.

CHAPITRE IV.

La Convention, ou plutôt la Montagne, car
les Girondins venaient d'être abattus (31 mai
1793), s'inquiétant des succès de la Vendée, y
envoya de nouvelles troupes sous les ordres de
Biron, de Westermann et de Santerre. Elle
jeta sur ce malheureux pays des bandes composées de misérables, capables de tous les crimes,
et d'une telle rapacité que les généraux et les
représentants eux-mêmes, s'en plaignaient au
gouvernement (1). Ces troupes qui ne s'élevaient

(1) Goupilleau annonce de Niort (6 juin) que, le besoin, la confusion qui règne dans l'armée, le *pillage* même, obligent à renvoyer une partie des gens des campagnes qui se sont levés à la
voix des administrateurs. » Arch, nat. A F ıı, 266.

« Une de nos légions, nommée *Germanique*, se livre aux dé-
bauches et aux plus grands excès. » (Lettre de Millier, commissaire dans la Vendée). *Moniteur* du 18 juin 1793.

« Le Général (Labarolière, 12 juillet) se plaignait fortement de
l'indiscipline de l'armée, de l'insouciance des officiers, du pillage,
de l'ivrognerie, etc. » Savary, t. ı, p. 377.

« Pendant cette marche dans un pays où la plus grande partie
des habitants sont dévoués à la République, une grande partie
des troupes s'est livrée aux vexations et au pillage le plus affreux :
rien n'a été ménagé, patriotes comme les autres, tout a été pillé. »
(Mémoire de Berthier et de Dutruy.) Wallon, t. ı, p. 139.

pas à moins de quatre-vingt mille combattants (1),
étaient indisciplinées, mais fanatisées, et souvent braves au moment du combat autant que
cruelles après la victoire.

Pendant que la République préparait ses armées et les faisait marcher rapidement vers
l'Ouest, les Vendéens ne perdaient pas leur
temps ; ils cherchaient à s'organiser. Le prétendu évêque d'Agra était élu président d'un
conseil supérieur établi à Châtillon, avec la
charge de toute la partie administrative et
judiciaire ; les généraux conservaient toute
l'autorité dans les affaires militaires. Une imprimerie fut installée, et un journal publié,
annonçant ce qui se passait au conseil et à
l'armée. Fontenay, qui par sa position ne pouvait être d'aucune utilité, fut évacuée. On
transporta, dans l'intérieur de la Vendée, les

(1) De la Boutetière, *le chevalier de Sapinaud et les chefs
vendéens du centre*, p. 94 et 95.

Cambon, dans la séance de la Convention du 27 mai, donne
l'état des forces qui marchent sur la Vendée : vingt-neuf mille
quatre cents hommes sont sortis de Tours. Une armée de soixante
mille hommes avec quatre-vingt-onze pièces de canon, va entourer les Vendéens. *Moniteur du 31 mai 1793.*

munitions et les approvisionnements qui furent distribués plus tard aux différentes divisions.

Dans les derniers jours de mai, on vint avertir La Rochejaquelein alors à la Boulaye, que l'armée de Salomon, après avoir occupé Thouars, cherchait à entrer dans le Bocage du côté d'Argenton. Il convoqua aussitôt les paroisses voisines, et se trouva avec Lescure, le 31, aux Aubiers. Là, ils apprirent que Salomon, à leur approche, s'était replié sur Thouars ; ils furent prévenus en même temps, qu'une armée, sous les ordres de Ligonnier, se formait à Doué, et qu'une autre, commandée par Santerre, attendait à Saumur l'instant propice pour faire sa jonction avec Ligonnier et se jeter sur la Vendée (1). Henri, dont les forces étaient insuffisantes, revint à Châtillon et fit un nouvel appel. La Vendée tout entière se prépara au combat.

Pendant ce temps, Charette établissait définitivement son autorité en basse Vendée par sa victoire de St-Colombin, et réduisait au silence,

(1) Ces différents corps d'armée formaient un effectif de 40,000 hommes. Eug. Veuillot, p. 113.

une fois de plus, ceux qui, dans son camp même, cherchaient à lui enlever le commandement.

Cependant Vihiers, Doué, et tout ce côté du pays étant de jour en jour plus menacé, il devenait urgent d'agir d'une manière décisive. La grande armée fut rassemblée à Cholet. La Rochejaquelein et Lescure promirent de rejoindre à Vihiers avec leurs divisions. Stofflet et les siens, arrivés les premiers devant cette ville y entrèrent; mais, craignant une surprise et n'étant pas en force, ils se replièrent sur Coron.

Le lendemain, La Rochejaquelein et Lescure se trouvent en même temps que lui à la porte de Vihiers, et face à face avec l'avant garde républicaine. Une batterie masquée tire à une petite distance sur les généraux; Lescure a un cheval tué sous lui. Le danger que courent leurs chefs entraîne les paysans qui se précipitent, s'emparent des canons, enfoncent l'ennemi et le mettent en déroute. Cinq cents prisonniers restent entre leurs mains (1). Vers la fin de la

(1) Deniau, t. II, p. 129.

bataille, La Rochejaquelein, revenu dans Vihiers pour rallier ses soldats, ne s'aperçoit pas que, seul à cinquante pas en avant de ses hommes, il est fort exposé, et que deux hussards, profitant des angles des rues, s'approchent de lui et vont l'atteindre. Leurs sabres sont déjà levés lorsque Henri les voit. Avec un sang-froid merveilleux et une vivacité incroyable, il saisit son fusil, qu'il portait en bandoulière, ajuste successivement les deux hussards, les étend à ses pieds, fait passer son cheval par-dessus leur corps et court de nouveau au combat.

A ce propos, citons un trait raconté par l'abbé Deniau (1).

Un jour, Henri traversant une lande, est entouré par dix cavaliers ennemis. Il se jette sur eux, en tue plusieurs, pare les coups des autres et feint une fuite précipitée. Les Bleus le poursuivent en se divisant, par suite des diverses allures de leurs chevaux. C'est ce qu'il a espéré. Il se retourne alors et entreprend de les battre

(1) *La guerre de la Vendée*, t., II, p. 130.

en détail : il en met plusieurs hors de combat, mais à la fin, les trois derniers l'entourent. Obligé de parer les coups, il est bientôt épuisé et va succomber, lorsque Ouvrard, jeune homme de Cholet, accouru au bruit du combat, attaque les Bleus, tue l'un, désarçonne l'autre et met le troisième en fuite.

Revenons à Vihiers, où vient d'arriver le gros de l'armée. Jamais les Vendéens n'ont été aussi nombreux ; la ville ne peut les contenir et ils se répandent dans les villages voisins. Lescure et La Rochejaquelein occupent Montillers (1).

Le 7 juin, l'armée se porte au-devant de l'ennemi fortement retranché sur les hauteurs de Concourson (2). La bataille s'engage avec ardeur ; les Républicains font une résistance désespérée. Cathelineau et La Rochejaquelein avancent cependant, et culbutent tout sur leur passage. Enfin les Bleus, voyant Henri faire un

(1) Deniau, t. ii, p. 131.

(2) Ligonnier commandait en chef, Coustard, Santerre, Menou, Berthier le secondaient.

mouvement de côté pour les tourner, s'enfuient en désordre; beaucoup, dans leur terreur, ne se croient en sûreté qu'à Saumur.

Les Vendéens, enthousiasmés par leurs derniers et rapides succès, brûlaient de marcher sur Saumur. La sagesse de Donissan les retint et les empêcha de tenter un coup de main qui devait leur être fatal : l'armée fatiguée, ne pouvait soutenir le choc de troupes fraîches, ni emporter d'assaut de véritables fortifications. En effet, depuis la prise de Thouars, les généraux républicains effrayés pour le sort de Saumur, avaient entouré cette ville de camps retranchés, de fossés, de redoutes; ils avaient fait abattre les enclos, les murs et tout ce qui pouvait permettre aux Vendéens de se cacher ou de s'abriter. La ville était, en outre, défendue par sa position avantageuse, par son château et par une formidable artillerie. Le général Menou y commandait en chef ayant sous ses ordres Berthier, Santerre, Coustard, Berruyer et quinze à seize mille hommes (1). Marcher sur

(1) Veuillot, p. 114.
Savary ne parle que de huit mille hommes, t. I, p. 257.

Saumur dans ces conditions était une chose grave, qui demandait de la réflexion et un plan arrêté.

L'armée vendéenne, après la victoire de Concourson, occupa Montreuil; Donnissan venait d'en chasser Salomon; elle s'y reposa la journée du 9 juin. C'était un dimanche; il fut employé à prier Dieu, à se recueillir et à se préparer au combat. Ce même jour, à Saumur, les Républicains se livraient à toutes sortes d'excès, en l'honneur d'une fête révolutionnaire : ils n'avaient pas trouvé d'autres moyens pour remonter les courages abattus!

La Rochejaquelein (1) ayant proposé de mener quelques centaines d'hommes en reconnaissance sur les routes de St Just et du Coudray, tous veulent le suivre, et crient: « Vive le roi, allons à Saumur. » L'enthousiasme est tel qu'on

(1) Au dire de Savary, La Rochejaquelein aurait pénétré dans Saumur la veille du combat : « Il paraît que l'ordre transmis à Salomon n'était pas ignoré des chefs Vendéens, car il est reconnu que M. de La Rochejaquelein déguisé en paysan, était à Saumur le 8, et qu'il avait dîné ce jour là chez M. de Nesde, dont le fils, grenadier de la garde nationale, fut tué le lendemain d'un coup de feu devant l'Hôtel de Ville. » t. I, p. 256.

se hâte d'en profiter. L'attaque est résolue et le 10 juin, (1) Lescure, Stofflet, Marigny marchent directement sur Saumur par le pont Fouchard; La Rochejaquelein, Cathelineau, Donnissan traversent le Thouet, et s'approchent des retranchements situés dans les prairies de Varrains. Lescure et Stofflet commencent le combat. Lescure est blessé au bras, les Vendéens perdent courage; « Ce n'est rien, mes amis, leur crie-t-il, je reste au feu, » et il se contente de se faire bander le bras. Malgré ses efforts, l'hésitation continue. Dommaigné avance avec sa cavalerie, se jette devant l'ennemi et reçoit glorieusement la mort, au milieu d'un combat acharné. Marigny s'aperçoit alors du danger que court la division de Lescure, et arrive à son secours. Les Républicains, devant ces efforts répétés, hésitent à leur tour ; Lescure profite de l'instant, rallie ses soldats, les lance vers le pont Fouchard et en occupe les abords.

La précipitation qui a été mise dans l'attaque fait que les différentes divisions manquent d'en-

(1) « 10 juin, prise de Saumur par les rebelles. » Arch. nat. A F II, 266.

semble, et il est à craindre que plusieurs ne succombent partiellement. La Rochejaquelein (1) et Cathelineau, en arrivant près des prairies retranchées de Varrains, voient qu'une prompte diversion peut seule sauver l'armée. Cathelineau cherche à s'emparer d'une hauteur, et Henri, sans perdre un instant, se dirige vers le camp qu'il faut prendre à tout prix. (2) Un courage sans pareil est nécessaire, il ne manque ni aux uns ni aux autres. Henri, brave entre tous, jetant son chapeau par dessus les retranchements, s'écrie : « Qui va me le chercher? » et il s'élance

(1) Johanet, t. I, p. 87, dit que les Vendéens se trouvant pour la première fois devant des cuirassiers, s'effrayaient beaucoup de voir leurs balles rester inoffensives, et que La Rochejaquelein parvint à les rassurer en leur disant de tirer au visage, ce qu'ils firent aussitôt; soixante cuirassiers tombèrent, et la panique cessa.

Bourniseaux, t. I, p. 407, attribue ces paroles à Dommaigné un instant avant sa mort.

(2) Le Vte Walsh, *Lettres Vendéennes*, t. I, p. 27, raconte que le guide qui lui montrait Saumur, ancien soldat de Cathelineau, lui dit avoir été envoyé par son général à La Rochejaquelein avec ordre de le prévenir que si Varrains n'était pas bientôt pris, tout était perdu : « Eh mon ami, lui répondit Henri, vous voyez bien que nous y travaillons. Voilà M. de Baugé qui vient se joindre à nous, et l'ennemi va se trouver entre deux feux. »

le premier. Les paysans le suivent avec entrain, et le camp est emporté.

L'armée vendéenne est sauvée ; les Républicains sont rejetés dans la ville. Menou fait en vain donner sa réserve ; elle ne peut tenir contre les soldats de La Rochejaquelein et est forcée de se replier, malgré les efforts de ses officiers. Henri poursuit les fuyards jusque dans Saumur. Sans faire attention que La Ville-Baugé seul le suit, il traverse le faubourg de Nantilly, prend la grande rue et arrive sur la place Bilange. (1) Là, il voit un bataillon qui s'enfuit : « Rendez-vous ou vous êtes morts ! » crie-t-il aux soldats. Ceux-ci, croyant l'armée entière entrée dans la ville, mettent bas les armes. Mais bientôt, les plus éloignés s'aperçoivent qu'ils viennent de se rendre à deux hommes seuls, et font mine de reprendre leurs armes ; Henri saisit un pistolet, court sur le premier qui résiste et lui brûle la cervelle (2) ; les autres frappés de

____

(1) On lit dans *Victoires et conquêtes des Français*, t. XXVI, p. 71, que La Rochejaquelein, en entrant à Saumur, blessa d'un coup de pistolet, le général Menou.

(2) Bourniseaux, t. I, p. 410.

stupeur s'enfuient vers le château. La Rochejaquelein et la Ville-Baugé avancent toujours ;
les fusils, jetés par terre, partent sous les pieds
des chevaux, mais rien ne les arrête et ils arrivent à la mairie. De là, voyant l'armée républicaine fuir par le pont Cessart, ils se postent
près de la salle de spectacle et font feu sur les
fuyards. La Ville-Baugé chargeait les fusils,
Henri tirait et tous les coups portaient. Ce feu
continu effrayait les vaincus à un tel point, qu'un
seul d'entre eux eut le courage de se retourner,
de s'approcher, et de leur tirer à bout portant un
coup de pistolet ; il manqua heureusement son
but, et Henri l'abattant d'un coup de sabre, lui
prit ses cartouches et se remit à tirer.

On finit par apercevoir du château les deux
téméraires jeunes gens et on fit feu sur eux.
La Ville-Baugé fut désarçonné et jeté vio-
lemment par terre ; Henri le remit en selle, et
voyant des canons abandonnés, se précipita vers
eux et les tourna contre le château. Malgré leur
courage, ils allaient peut-être succomber, lorsqu'arrive des Essarts. Lescure, Cathelineau,
Stofflet les rejoignent bientôt ; la ville est prise,

et les deux braves sont au milieu des leurs (1). Henri n'y reste qu'un instant; il ne trouve pas avoir assez combattu et se met à la poursuite de l'ennemi. Il traverse la Loire, fait de nombreux prisonniers, et rentre à Saumur, coupant derrière lui le pont de la Croix-Verte et y plaçant deux canons, pour prévenir tout retour des Bleus.

Les cinq mille prisonniers faits pendant le combat n'ont pas été désarmés, et ne sont gardés que par cent-quarante cavaliers. Des Essarts en fait l'observation à Henri, et ajoute que, pour peu que ces malheureux ouvrent les yeux, ils peuvent trop facilement devenir les maîtres. « Taisez-vous, lui dit Henri, ne savez-vous pas que la peur ne saurait calculer ; pensez-vous que ces gens feront une observation que je n'avais pas encore faite moi-même ? » Et il continue tran-

(1) Vicomte Walsh, t. I, p. 33. (récit de son guide à Saumur) : « Jamais ce brave jeune homme n'avait été si terrible, Je le vois encore avec la tête et le col nus... il me reconnut quand j'arrivai avec Cathelineau et il me dit: « Ça va bien » — « Oui, oui, répondis-je, grâce à vous. » — « Grâce à Dieu. » répliqua-t-il.

quillement sa marche vers la place Bilange (1).
Arrivé là, il apprend par Fleuriot que les redoutes de Bournan tiennent encore devant
Marigny. Il s'y rend en hâte, veut tenter l'assaut,
se précipite entre les deux redoutes et subit
leurs feux croisés. Il a un cheval tué sous lui;
il se relève et veut encore s'élancer vers le fossé.
Heureusement la nuit arrive, il lui faut renoncer pour le moment à sa dangereuse tentative.

Cathelineau et Lescure, pendant ce temps,
somment la garnison du château de se rendre;
elle refuse et tire sur les parlementaires. Le
lendemain seulement, voyant quelques Vendéens
près de forcer l'entrée du château, elle consent
enfin à capituler.

Les redoutes de Bournan tiennent toujours.
Mais, exaspérés par un stratagème déloyal des
Républicains, qui ont fait mine de se rendre et
ont ensuite tiré sur eux, les Vendéens redou-
blent d'efforts, tirent sans relâche et les for-
cent bientôt à se rendre sans conditions. Les

(1) Bourniseaux, t. III, p. 212. Deniau, t. II, p. 154.

malheureux devaient être passés par les armes :
leur trahison le méritait. Les Vendéens, généreux une fois de plus, n'usèrent pas de leurs
droits et firent grâce.

La ville entière était au pouvoir de l'armée
royale. Cathelineau fit chanter un Te Deum
dans l'église Saint-Pierre : tous, officiers et
soldats y assistèrent, le chapelet à la main et le
Sacré-Cœur sur la poitrine. De nombreux drapeaux avaient été apportés : « C'était une
magnique chose que de voir cette foule de drapeaux, tout noircis de poudre, et tout déchirés
de balles, s'incliner et se relever toutes les fois
que le nom de Jésus était prononcé » (1). On
n'entendait dans la ville que les cris de « Vive
la religion, Vive le Roi ! » La joie et l'enthousiasme étaient très grands, et malgré cela,
l'ordre ne fut pas un instant troublé !

Quatre-vingts canons, vingt mille fusils, cinquante mille livres de poudre, de la farine, une
pharmacie complète, vinrent augmenter les ap-

(1) Vte Walsh, *Lettres Vendéennes*, t. I, p. 33.

provisionnements de l'armée (1). Les Vendéens n'eurent que soixante-dix hommes tués et cinq cents blessés; les Républicains ne perdirent pas moins de huit mille cinq cents hommes, dont six mille prisonniers (2).

C'était une victoire merveilleuse : des régiments de ligne, commandés par de braves officiers, qui n'en étaient pas à leur coup d'essai, n'avaient pu résister à ces soldats improvisés, dont les seuls antécédents militaires étaient leurs récentes victoires!

Le soir de cette journée un officier trouve Henri appuyé sur une fenêtre, ayant vue sur l'église, et plongé dans une profonde méditation. Il lui demande à quoi il songe : « Je réfléchis sur

(1) Bourniseaux, t. II, p. 2. Deniau, t. II, p. 159. Crétineau-Joly, t. I, p. 170, dit cent mille fusils.

(2) Un ancien administrateur militaire des armées républicaines, *Mémoires sur la Vendée,* collection Beaudoin, p. 61, porte le nombre des morts et des blessés à quatre mille et celui des prisonniers à dix mille. Eug. Veuillot, p. 119, dit cinq à six mille prisonniers. Crétineau-Joly, t. I, p. 170, parle de onze mille prisonniers, mais ceux qui avaient été pris les jours précédents doivent y être compris, comme dans les Mémoires de la Marquise de la Rochejaquelein qui dit, p. 177 : « nous fîmes onze mille prisonniers dans les quatre batailles que je viens de décrire, données en cinq jours. »

nos succès, répond Henri, ils me confondent ; tout vient de Dieu (1). »

Lescure trouva Quétineau à Saumur : il avait été vaincu, les Républicains l'avaient mis en prison. Lescure lui proposa encore de se joindre à l'armée royale ; Quétineau répondit qu'il ne voulait pas passer pour traître et qu'il préférait la mort, puis il ajouta : « Eh bien monsieur, voilà les Autrichiens maîtres de la Flandre ; vous êtes vainqueurs, la France sera démembrée par l'étranger. » — « Jamais, jamais, répondit Lescure, les Royalistes ne souffriront cela ; et, s'il le faut, ils se joindront à vous pour défendre l'intégrité du territoire. » — « Ah monsieur, reprit Quétineau, c'est alors que je veux servir avec vous ! J'aime la gloire de ma patrie ; voilà comme je suis patriote. » Ce brave homme se rendit à Tours. Bientôt envoyé prisonnier à Paris, il y fut jugé, condamné à mort et exécuté avec sa femme qui, ne voulant pas lui survivre, cria « Vive le Roi » au tribunal révolutionnaire.

(1) Marquise de la Rochejaquelein, p. 178.
Théodore Muret, *Vie Populaire*, p. 18, ne prête à Henri que ces paroles : « Savez-vous qui est le plus étonné de nos victoires? C'est moi. »

CHAPITRE V.

ÉLECTION D'UN GÉNÉRALISSIME. — ANGERS.

NANTES. — MORT DE CATHELINEAU.

LE MOULIN AUX CHÈVRES. — CHATILLON.

Les succès avaient été rapides et brillants.
Cependant le besoin d'unité dans le commandement se faisait sentir à tous : le manque
d'ensemble avait plus d'une fois déjà compromis
l'armée ; il ne fallait pas, au moment où les
opérations devenaient plus importantes, risquer
de tomber dans la confusion et le désordre.
Le conseil, sur la demande de Lescure, s'assem-
bla afin de décider cette grave question, et de
choisir celui qui serait mis à la tête de la Vendée.

Cathelineau, avec son héroïque simplicité, son
beau caractère et l'ascendant qu'il a sur ses
camarades ; Lescure, dont le jugement sûr,
la piété austère, s'unissent à un courage à toute
épreuve ; La Rochejaquelein, avec son brillant
courage, son grand caractère et l'amour qu'il
inspire aux paysans dont il est l'idole ; Bonchamps

qui possède, avec les plus grandes qualités, une véritable valeur militaire ; Stofflet, actif, dévoué, toujours en avant, rude à ses heures, mais plein de courage et d'autorité sur les soldats ; Marigny toujours debout, prêt pour la lutte et défiant l'ennemi : tels sont les principaux chefs. Tous ont une influence incontestable, tous seront obéis. Le conseil étant réuni : « Messieurs, dit Lescure, notre insurrection prend trop de consistance, nous venons de faire une trop belle conquête, pour ne pas nommer un général en chef de la grande armée ; comme les généraux les plus âgés ne sont pas ici, on ne peut faire qu'une nomination provisoire. Je ne veux pas partir sans qu'elle soit faite, je donne ma voix à M. Cathelineau » (1).

Cathelineau seul protesta. Tous l'acclamèrent, gentilshommes et paysans se mirent sous ses ordres avec joie : il inspirait confiance par son sang-froid, son courage et ses talents. On ne parlait pas d'égalité en Vendée, mais elle régnait bien plus dans l'armée vendéenne que dans celle

(1) Marquise de La Rochejaquelein, p. 179.

de la République : « Au point, dit la marquise de La Rochejaquelein dans ses Mémoires (1), que j'ignore encore, ou n'ai appris que depuis, si la plupart de nos officiers étaient nobles ou bourgeois ; on ne s'en informait jamais ; on ne regardait qu'au mérite. » Et en effet voici Cathelineau, simple voiturier, élu commandant en chef de l'armée royale, écouté et obéi de tout ce que la Vendée compte de plus élevé par le rang et par la naissance.

Le procès-verbal de l'élection a été retrouvé ; quelques signatures sont altérées, mais beaucoup d'autres sont parfaitement conservées ; il était ainsi conçu :

« Ce jourd'hui 12 juin, l'an Ier du règne de Louis XVII, nous soussignés, commandant les armées catholiques et royalistes, voulant établir un ordre stable et invariable dans nos armées, avons arrêté qu'il sera nommé un général en chef de qui tout le monde prendra l'ordre. D'après cet arrêté, tous les vœux se sont portés sur M. Cathelineau, qui a commencé la guerre,

(1) Éd. de 1823, collection Baudouin, p. 144.

et à qui nous avons voulu donner des marques de notre estime et de notre reconnaissance. En conséquence, il a été arrêté que M. Cathelineau serait reconnu général de l'armée, et que tout le monde prendrait l'ordre de lui.

Fait à Saumur, en conseil, les jour et an que dessus.

Signé : Lescure, de Beauvollier, Marigny, Stofflet, de Laugrenière, de Hargues, La Ville de Baugé, La Rochejaquelein, d'Elbée, Duhoux d'Hauterive, de Boisy, des Essarts, Tonnelet, de Bonchamps. »

Donnissan, absent, se hâta à son retour de ratifier l'élection. Charles d'Autichamp (1), le prince de Talmond et plusieurs autres qui rejoignirent l'armée, reconnurent également Cathelineau comme généralissime.

Dommaigné, tué à Saumur, fut remplacé comme chef de la cavalerie par Forestier. Ce brave jeune homme, après l'arrivée de Talmond, ne voulut jamais garder le comman-

(1) La Rochejaquelein, pendant son séjour à Saumur, fit prévenir d'Autichamp, son cousin et ami, qui demeurait près d'Angers. Celui-ci arriva tout de suite et fut placé dans la division Bonchamps. Crét. Joly, t. I, p. 176.

dement, et força ce dernier à l'accepter. C'était
à qui serait le plus désintéressé du noble ou du
paysan !

Deux jours après la prise de Saumur, La Rochejaquelein fit une excursion à Loudun avec quatre
vingts cavaliers et en ramena la fille de
M. de Beauvollier, qui y était prisonnière.

Le moment arrivait où une décision devenait nécessaire, et l'embarras était grand.
Que devait-on faire ? Les chefs s'assemblè-
rent ; La Rochejaquelein proposa aussitôt de
marcher sur Paris par Tours : « L'anarchie,
dit-il, est un monstre qu'on ne peut blesser
mortellement qu'en le frappant au cœur (1).... »
Stofflet était du même avis (2) ; mais les autres
chefs s'y opposèrent, alléguant que, vu l'indépendance des paysans, il était impossible de
songer à les éloigner de leur pays. Ce projet,
excellent en lui-même, sembla donc peu pratique
et fut abandonné. Est-ce un malheur ?... Les
Vendéens auraient trouvé peu de résistance sur

(1) Bourniseaux, t. II, p. 5.
(2) *Stofflet et la Vendée*, p. 99.

leur passage, c'est vrai; mais auraient-ils persé-
véré jusqu'à Paris? L'autorité des chefs, presque
nulle en dehors des combats, aurait-elle suffi
pour les maintenir jusqu'au bout? (1).

Cathelineau proposa de prendre Angers et
Nantes, de tenter le soulèvement de la Bretagne
et de la Normandie et de marcher seulement alors
sur Paris. Cette proposition obtint tous les suffrages et la marche sur Nantes fut décidée. La Rochejaquelein, à son grand regret, fut chargé, avec
la division de Châtillon et celle des environs de
Vihiers et d'Argenton, de la garde de Saumur.
Il était urgent de conserver une aussi bonne
position, et l'on comptait sur son influence pour
retenir les paysans (2). On conçoit avec quelle
peine Henri accepta cette lourde charge (3) :
l'action était son élément, l'armée partait pour

(1) « Si les chefs de la Vendée avaient eu sur leur armée la
même autorité qu'un général sur des troupes réglées et discipli-
nées, ils auraient pu, à cette époque, se diriger sur Paris sans
craindre de rencontrer de grands obstacles. » Savary, t. I, p. 266.

(2) Il resta mille à douze cents hommes, à Saumur, avec
La Rochejaquelein. Marquise de La Rochejaquelein, p. 186.

(3) « Me voilà donc déjà dans les vétérans.... » dit-il à Cathelineau. Johanet, t. I, p. 102.

Nantes, et il était condamné à rester à Saumur. Il demanda et obtint, comme consolation, de faire partie de l'expédition d'Angers.

Pendant que ces événements se passaient en Anjou, Charette, victorieux en Basse-Vendée, avait rejeté les Républicains hors de son territoire. La Rochejaquelein et Bonchamps, apprenant ces succès, conseillèrent aux autres généraux de faire l'impossible pour réunir les deux armées et les faire marcher de concert; Donnissan s'offrit comme médiateur. Cette idée fut rejetée; ce fut un malheur irréparable.

« Si les chefs royalistes, dit Napoléon, n'avaient pas eu chacun la fièvre du commandement, et qu'ils eussent réuni leurs forces, il n'est pas douteux que tout l'Ouest de la France se détachait de la République » (1). Donnissan alla cependant trouver Charette, mais avec la mission restreinte de lui demander son concours pour le siège de Nantes; Charette le promit.

L'armée partit de Saumur le 17 juin. Son

(1) *Mémoires* dictés au général Montholon, t. VI, p. 202.

approche mit en fuite tout ce qu'Angers contenait de troupes, et elle fit son entrée dans la ville sans éprouver la moindre résistance (1). On reprit à Angers une partie de ce qui avait été volé pendant les dernières incursions des Républicains dans le Bocage; les ornements et les vases sacrés furent renvoyés dans les paroisses.

Au bout de huit jours, l'armée se mit en marche pour Nantes. Malheureusement les conditions n'étaient plus les mêmes: les Vendéens en grand nombre avaient quitté Angers pour regagner leurs foyers: « Les Républicains, disaient-ils, étant expulsés de notre pays, le but que nous nous sommes proposé est atteint: La Rochejaquelein et Lescure, d'ailleurs, nos chefs ordinaires, ne sont plus à notre tête, nous ne saurions à qui obéir » (2). L'armée vendéenne se trouvait donc très réduite. Malgré cela

(1) Deniau, t. II, p. 186-189, cite en note un passage des *Mémoires* de Cantineau disant que, le 16 juin, il dînait à Jallais avec Henri et plusieurs chefs, qu'on parla des prêtres détenus à Angers, et que quelqu'un ayant dit que le 17 était l'anniversaire de leur incarcération, Henri proposa de les délivrer le lendemain, ce qui s'exécuta.

(2) Deniau, t. II. p. 200, d'après des témoins.

l'attaque ne fut pas différée, et le jour convenu, 29 juin, Charette parut du côté de Pont-Rousseau et la grande armée du côté de Barbin.

Tous font des prodiges de valeur, et malgré la belle défense des patriotes, la ville va être prise, lorsque Cathelineau, reconnu par un ouvrier nantais, est blessé. Les Vendéens, désespérés, lâchent pied, et toute l'armée se retire, protégée par Charette, dont le feu continu tient en haleine la garnison, et l'empêche de se mettre à la poursuite des fuyards.

Les Vendéens ont perdu peu de monde ; l'attaque de Nantes a été manquée : c'est un revers et non un désastre. Le seul, l'irréparable malheur, c'est la blessure de Cathelineau. On la crut d'abord sans gravité ; mais la gangrène s'y étant mise, aucun soin ne put l'arrêter, et Cathelineau mourut le 14 juillet 1793. Son influence était immense et incontestée, ses talents réels et ses vertus si grandes, qu'on ne l'appelait que *le saint de l'Anjou.* Un de ses parents, apprenant sa mort à la foule réunie devant sa maison, disait : « Le bon Cathelineau a remis son âme à Celui qui la lui avait donnée pour venger sa gloire » (1). C'était peindre l'homme.

L'affaire de Nantes releva le courage des Républicains, qui, ne doutant plus du succès, se jetèrent avec impétuosité sur la Vendée et ne tardèrent pas à reprendre les positions qu'ils avaient perdues. Westermann avança jusqu'à Parthenay, et Lescure fut obligé de se retirer à Amailloux.

La Rochejaquelein, resté aussi longtemps que possible à Saumur, rentre dans le Bocage (2) : tous ses soldats l'ont quitté peu à peu. Depuis quelque temps déjà, il a été obligé, pour que les habitants de la ville crussent à l'arrivée de nouveaux renforts, de faire parcourir les rues tous les soirs par quelques cavaliers. On leur criait : « Qui vive ! » et ils répondaient : « Armée Catholique ». Le stratagème ne pouvait servir toujours, et les armées républicaines avançant

(1) Deniau, t. II, p. 230.

(2) La Marquise de La Rochejaquelein dit que presque tous les canons avaient été renvoyés dans la Vendée, p. 195.

Grille, t. I, p. 250, dit que La Rochejaquelein, en quittant Saumur, coucha à Thouars. le 26 juin, et y jeta dans le Thouet plusieurs canons ; il n'avait plus d'hommes pour les servir.

de tous côtés, il fallut que La Rochejaquelein,
qui n'avait plus avec lui que huit hommes, se
décidât le 26 juin à quitter Saumur (1).

De retour dans le Bocage, il alla aussitôt
à Amailloux rejoindre Lescure. Voyant qu'il
n'y avait rien à faire de ce côté, tous deux revinrent vers Châtillon afin d'y réunir le plus de
paroisses possible. Westermann avança jusqu'à
Bressuire, mit le feu au château de Clisson et
prit la route de Châtillon, massacrant et brûlant
tout sur son passage (2). Lescure et La Rochejaquelein, devant une marche aussi rapide, sont
dans le plus grand embarras : la grande armée a
été dissoute après l'échec de Nantes, et le temps
manque pour prévenir les paysans. Les généraux font, à la hâte, sonner le tocsin dans les

(1) Marquise de La Rochejaquelein, p. 196. Grille, t. I, p. 250.
Dès le 22 juin, Tallien et Bodin annoncent au Comité de Salut
Public l'évacuation de Saumur. Archives nationales A F II, 266.
(Ce devait être prématuré).

Le 24 juin, La Rochejaquelein fut, lui huitième, obligé de faire
une patrouille sur la route de Chinon ; il faillit être coupé par les
détachements ennemis. De retour à six heures, il partit à neuf
heures. Théodore Muret, t. I, p. 215.

(2) Westermann, par sa cruauté, mérita dans la suite d'être
appelé le *Boucher des Vendéens.*

paroisses environnantes, et expédient des ordres dans toutes les directions. Mme de Lescure les porte elle-même à Treize-Vents et à Mallièvre. Tous les efforts sont inutiles : les paysans ne peuvent répondre aussi rapidement à l'appel, et deux à trois mille hommes seulement sont réunis (1). Quoique ces forces soient insuffisantes, on tente, le 3 juillet, d'arrêter la marche des Bleus sur les hauteurs du Moulin aux Chèvres. Après un combat acharné, les Vendéens sont obligés de reculer ; ils ne le font que pas à pas, et se retournent dix fois, pour faire face à l'ennemi, entre le Moulin aux Chèvres et Châtillon (2).

Le Conseil quitte la ville et se replie sur Mortagne. A sept heures du soir Westermann entre à Châtillon ; les prisonniers républicains, laissés dans la ville, intercèdent pour les habitants qui sont épargnés. Un détachement est envoyé à la Durbelière, avec ordre d'y mettre le feu. Les bois qui entourent le château font peur aux soldats ; l'incendie à peine allumé, ils

(1) Marquise de la Rochejaquelein, p. 199.
(2) Westermann, *Campagnes de la Vendée*, p. 6.

partent, laissant aux paysans des environs la possibilité d'en arrêter les ravages (1).

Henri ne fut guère affecté en apprenant cet événement: il savait, le jour où il acceptait un commandement en Vendée, qu'il devait s'attendre à tous les sacrifices. Ses soldats furent plus émus que lui, et ayant pris l'officier qui avait commandé le détachement incendiaire, ils le fusillèrent (2).

La grande armée se reformait à Cholet ; la division d'Anjou, accourue sous les ordres de d'Elbée et de Stofflet, se joignait le 5 juillet (3) à La Rochejaquelein et à Lescure, dont les paroisses s'étaient enfin rassemblées. Les Vendéens étaient pleins d'ardeur; ils désiraient vivement venger leurs compatriotes massacrés, délivrer le pays, et montrer aux Républicains qu'on ne brûlait pas impunément leurs villages et leurs châteaux.

(1) La Durbelière appartenait aux La Rochejaquelein depuis le commencement du siècle : le feu y fut mis cinq fois pendant la guerre de la Vendée.

(2) Bourniseaux, t. II, p. 22.

(3) Crétineau-Joly donne le 8 ; le 5 est indiqué dans une note. Archives nationales, A F II, 266.

Le rendez-vous est à Cholet : vingt mille hommes s'y trouvent et partent aussitôt pour Châtillon. La moitié des paysans commandés par La Rochejaquelein, Lescure et Marigny, arrivent par la route du Temple, attaquent les Républicains postés sur la colline du Château-Gaillard, les bousculent, et les jettent, pêle-mêle avec leur artillerie, dans la vallée du Loing, qui sépare Château-Gaillard de Châtillon. Stofflet et d'Elbée se présentent par l'autre route avec le reste de l'armée. La ville est emportée après un combat de deux heures, et Westermann est obligé de fuir précipitamment avec les trois cents hommes qui lui restent. Dans le feu de la victoire, les Vendéens se laissent entraîner à massacrer quelques prisonniers, malgré les efforts de La Rochejaquelein. Lescure, qui combat encore, l'apprend, accourt et parvient à arrêter les vengeances.

Des sept à huit mille hommes de Westermann, trois cents seulement parvinrent à s'échapper ; quatre mille furent faits prisonniers, tous les autres périrent (1). Ce général, forcé de répondre

(1) Marquise de La Rochejaquelein, p. 203. Deniau, t. II, p. 254.

de sa défaite devant la Convention, accusa ses officiers, livra son lieutenant Decaire (1), en l'accusant de communications avec La Roche-jaquelein, et parvint à garder son commandement, grâce à sa réputation de fougueux patriote (2).

Pendant que ces événements se passaient dans la Haute Vendée, Sapinaud, Béjarry, Baudry d'Asson, Royrand guerroyaient en Basse Vendée. Tantôt battus et tantôt victorieux, ils éprouvaient de vraies pertes devant Luçon, mais s'en vengeaient deux jours après par une victoire au pont de La Chaise. Cette guerre d'escarmouches, empêchant les communications entre les Sables et Nantes, avait de grands avantages, et contrecarrait absolument les plans de Biron, qui, avant tout, voulait les voies libres entre Saumur et Nantes, Nantes et Luçon.

Ces plans, qu'avait formés Biron, devaient

(1) Decaire fut acquitté par le tribunal criminel de Niort. Ledain. *Histoire de Bressuire*, p. 395.

(2) Savary, t. I, p. 362-363. Crétineau-Joly, t. I, p. 195. Deniau, t. II, p. 260.

nécessairement amener très promptement la chute de la Vendée. Heureusement, on ne laissa pas à ce général le temps de les mettre à exécution. Accusé près de la Convention, son nom le perdit ; il fut condamné à mort et exécuté. En allant à l'échafaud, il se repentit de sa conduite : « J'ai été, dit-il, infidèle à mon Dieu, à mon ordre, à mon Roi ; je meurs plein de foi et de repentir » (1).

(1) Crétineau-Joly, t. 1, p. 212. Eug. Veuillot, p. 132.

CHAPITRE VI.

CHOC DE VIHIERS. — ÉLECTION DE D'ELBÉE.

LUÇON. — TINTÉNIAC.

DEUXIÈME ÉCHEC DE LUÇON.

Le rappel de Biron n'empêche pas les opérations de continuer en Vendée, et l'armée de Saumur s'avance sur Vihiers. Lescure, La Rochejaquelein, Bonchamps, veulent s'opposer à sa marche ; ils se portent, le 15 juillet, sur Martigné-Briand, rejoignent l'ennemi à Flines, après une marche forcée de cinq lieues par une chaleur étouffante, obtiennent d'abord quelque avantage, mais une fausse manœuvre de la cavalerie ayant mis la confusion dans leurs rangs, ils reculent. La Rochejaquelein et Lescure ne peuvent que protéger la retraite sur Coron.

Les Bleus, accablés par la chaleur, ne cherchent même pas à profiter de leur succès, et attendent au 17 pour occuper Vihiers. De là, un fort détachement s'avance sur Coron, d'où il est repoussé avec perte par six cents Vendéens. Ce n'est que le prélude d'une action plus décisive. En effet le 18 juillet, pendant que Lescure et La Rochejaquelein (1) sont allés recruter les paroisses du centre du Bocage, Forestier, Piron, l'abbé Bernier et les autres chefs trouvent le moment opportun pour reprendre Vihiers. Ils ont appris que Santerre (2) commande les Bleus. Leur ardeur en est doublée ; ils le voudraient déjà prisonnier, et projettent pour lui une cage de fer. Une question les agite pourtant : les paysans marcheront-ils, n'ayant point à leur tête La Rochejaquelein ou Lescure ? Un des chefs imagine de leur laisser croire que les généraux sont arrivés ; il réussit, l'armée commandée par Piron se jette sur Vihiers et bat complètement les Républicains qui ne sont pas moins de quinze mille.

Santerre, se voyant poursuivi par Loyseau,

(1) La Rochejaquelein était à Cholet lorsqu'il apprit l'arrivée de Santerre. Marquise de la Rochejaquelein, p. 229.

(2) Le 21 janvier 1793, au moment où Louis XVI sur l'échafaud, parlait à son peuple, Santerre ordonna un roulement de tambour afin de couvrir la voix du Roi ; dernier affront que les Vendéens sentaient vivement.

fait sauter à son cheval un mur de cinq pieds
et échappe ainsi au combat qu'il n'ose soutenir (1). Le défaut de courage est contagieux.
Les Républicains imitent leur chef, c'est une
débandade générale. Bourbotte passe au travers
d'une haie et parvient à fuir. Tous ne sont pas
aussi heureux, deux mille morts restent sur le
champ de bataille, et trois mille hommes sont
faits prisonniers (2).

Le Choc de Vihiers, comme l'appelèrent les
Vendéens, débarrassa le pays jusqu'à Saumur
et Angers. La Rochejaquelein et Lescure,
entendant le canon, revinrent en hâte ; ils
n'arrivèrent que pour assister à la victoire.
Rencontrant sur la route de l'artillerie et des
soldats, Lescure demande ce qu'il y a : « Mon
général, vous n'étiez donc pas à ce combat,

(1) Marquise de La Rochejaquelein, p. 230. Bourniseaux, t. II,
p. 35. Crétineau-Joly, t. I, p. 190. Eug. Veuillot, p. 136.

(2) Deniau, t. II, p, 299. « Il est à remarquer que toutes les
fois que nous avons remporté quelque victoire, elle a été suivie
de revers bien plus considérables. C'est ce que nous venons
d'éprouver. » (Lettre de Bourbotte et de Turreau, datée de Saumur, 19 juillet, racontant la défaite de Vihiers). *Moniteur* du 29
juillet 1793.

comme nous le croyions ? Hé bien ! c'est donc M. Henri qui a gagné la bataille ? Voilà vingt canons que nous avons pris. » On en disait autant, d'un autre côté, à Henri (1). Piron fut surnommé le « héros de Vihiers » ; son influence grandit et son nom devint populaire en Vendée.

L'armée revint à Châtillon où des divisions ne tardèrent pas à se produire, grâce aux maladresses du Conseil Supérieur. L'élection d'un généralissime augmenta encore les dissensions. L'affaire fut menée précipitamment pendant l'absence de Bonchamps. Lescure et La Rochejaquelein refusèrent de s'en mêler, et une cabale nomma d'Elbée ; c'était un homme honnête, mais faible, et un autre choix eût été préférable (2). Les chefs de division furent désignés, pour la plupart, avec aussi peu de discernement : La Rochejaquelein n'eut même pas de commandement ! Lescure, pour réparer cet oubli, le prit comme second. D'Elbée n'osa

(1) Marquise de La Rochejaquelein, p. 230.

(2) La marquise de La Rochejaquelein, p. 208, dit que Bonchamps devait être nommé, que c'était là, l'opinion de tous les gens sensés.

point exercer une autorité aussi faiblement
établie, et sa nomination fut un vrai malheur.
Faute d'une autorité indiscutée, les dissentiments les plus désastreux se produisirent, et
furent trop souvent la cause des revers des
Vendéens.

Cependant les armées républicaines, revenant
promptement à la charge, menacent de nouveau
l'Anjou. Bonchamps malade se fait porter à
Cholet, réunit ses hommes, confie le commandement à d'Autichamp, et les envoie vers les
Ponts de Cé (1). Un brillant succès est remporté
le 26 juillet.

La Rochejaquelein, de son côté, ne restait
pas inactif. Il chassait Turreau de Thouars (2)
et le poursuivait jusqu'à Loudun, où il entrait
sans trouver de résistance, à trois heures du
matin. Il aurait désiré pénétrer dans le Berry
qui, disait-on, se soulevait; mais le petit nombre

(1) **Deniau**, t. II, p. 33, prétend que Lescure et **La Rochejaquelein** allèrent trouver Bonchamps à Jallais, où il était retenu
par ses blessures, pour lui demander de venir animer les
soldats par sa présence.

(2) **Voir Appendice, note VI**, le récit du *Bulletin officiel* du.
Conseil supérieur de la Vendée.

de ceux qui l'avaient accompagné, le força à regagner le Bocage (1).

Pendant que ces évènements se passaient, Sapinaud trouvait la mort en Basse-Vendée ; Chantonnay était pris et brûlé, et les Républicains avançaient d'une façon inquiétante. Devant un aussi pressant danger, Royrand appela la Haute-Vendée à son secours. Henri, Marigny et Talmond, revinrent d'Argenton et le rejoignirent aux Herbiers, le 29 juillet.

Les moissons n'étant pas terminées, on ne peut réunir que quinze mille hommes avec lesquels on marche sur Chantonnay. Les Bleus, sous la conduite de Tuncq, se retirent jusqu'à Luçon ; les Royalistes les y suivent, remportent d'abord quelque avantage, mais sont finalement obligés de se retirer, laissant un bon nombre de morts sur le champ de bataille (2).

(1) Bourniseaux, t. II, p. 38. « On attendait la fin de la moisson pour se porter à Poitiers, et de là dans le Berry, où les paysans paraissaient bien disposés pour la cause royale. »

(2) « Lescure, d'Elbée, Royrand, Marigny. Talmond, La Rochejaquelein, se battent en désespérés, mais il faut qu'ils reculent ; leurs bandes se dispersent et partie de leurs canons, de leurs drapeaux, de leurs blessés restent en notre pouvoir. » (*Bulletin*

Quelques officiers avaient autorisé le désordre et le pillage en entrant dans les faubourgs de Luçon ; ils furent accusés d'avoir ainsi causé la confusion et amené la défaite. Les généraux, très mécontents, n'osèrent pas montrer trop de sévérité envers des officiers d'un rang subalterne, et un seul d'entre eux fut cassé. Cette modération n'empêcha pas un mécontentement sourd de se produire, et les relations des différents corps ne furent plus aussi cordiales.

Cet échec, en lui-même, n'avait pas une grande importance, le pays restant encore intact ; les généraux voulurent néanmoins essayer de le réparer, et une marche générale sur Luçon fut décidée, de concert avec Charette.

de Luçon, juillet 1793), cité par Grille. t. I, p. 349 et 350. Le *Bulletin* du Conseil Supérieur, rendant compte de l'échec, disait : « Le nombre des prisonniers, des morts et des blessés est peu considérable de notre côté. »

Deniau dit que les Vendéens perdirent mille hommes, t. II, p. 348.

Bourniseaux, neuf cents, t. II, p. 40.

Le *Moniteur* du 6 août, donne une lettre de Tuncq, disant que « deux mille Brigands mordent la poussière (Il faut tenir compte de l'exagération des rapports de l'époque).

Sur ces entrefaites arriva à la Boulaye le chevalier de Tinténiac, chargé par le gouvernement anglais d'une mission en Vendée. Tinténiac, gentilhomme breton d'un grand courage, avait traversé toute la Bretagne depuis Saint-Malo, et n'était arrivé dans le Bocage qu'après avoir surmonté les plus grandes difficultés. La Rochejaquelein, Lescure, Donnissan, le soi-disant évêque d'Agra (1) et des Essarts le reçurent, prirent connaissance des dépêches de Dundas et du gouverneur de Jersey, et répondirent à toutes les questions que Tinténiac était chargé de leur faire.

L'ignorance que montraient les Anglais était inouïe : les causes de la guerre, la marche qu'elle avait suivie, rien ne semblait être parvenu aux oreilles du gouvernement. Henri expliqua à Tinténiac les motifs réels du soulèvement : la levée de trois cent mille hommes, l'interdiction des églises, les persécutions religieuses, la violation de toutes les libertés, enfin tous les

(1) L'abbé Guyot de Folleville, on ne sait dans quel but, se fit passer pour évêque d'Agra. Son imposture ne fut découverte qu'après le passage de la Loire.

griefs qui avaient porté les Vendéens à la guerre. Puis on répondit par écrit à certaines question ; Mme de Lescure, dont l'écriture était très fine, fut chargée de copier les réponses : « Elles avaient plus de six pages et étaient fort détaillées, dit-elle dans ses Mémoires. On approcha autant que possible de l'exacte vérité, sans négliger cependant d'exagérer ou de diminuer quelques détails, pour engager davantage les Anglais à nous seconder ; nous exaltions nos forces pour les exciter, et en même temps nous sollicitions très vivement du secours. Nous faisions notre profession de foi sur nos sentiments royalistes, nous réclamions surtout un Prince et des émigrés ; nous témoignions que nous avions été dans l'impossiblité d'écrire au Gouvernement anglais ; enfin nous demandions un débarquement qui assurât la contre-révolution ; il est certain et nous le disions, qu'au moins vingt mille paysans s'enrôleraient sans trop dégarnir le pays, et pourraient s'avancer en Bretagne ; qu'ils feraient révolter aisément cette province dont nous connaissions l'opinion, quoique nous n'y eussions pas de relations ; qu'on y trouverait de nouvelles recrues ; puis la Normandie aurait le même sort, et les succès étaient infaillibles. Pour faciliter les débarquements, les ports de la Rochelle, de Rochefort ou Lorient présenteraient les plus grandes difficultés aux Vendéens ; on chercherait cependant à lever les obstacles. Nous n'avions pas alors l'île de Noirmoutier ; nous étions maîtres du petit port de Saint-Gilles, mais, si les Anglais préféraient Paimbœuf ou les Sables, nous pouvions promettre de réunir cinquante mille hommes pour faire le siège par terre de l'une de ces places, le jour où les Anglais nous préviendraient qu'ils l'attaquaient par mer (1). »

Les généraux écrivirent aux princes, les assurant de leur entier dévouement, et leur manifestant le vif désir qu'ils avaient de voir, l'un d'entre eux, en Vendée. On chargea, en plus, Tinténiac de leur dire verbalement l'état exact de l'armée, et l'extrême besoin que l'on y avait de secours immédiats. Tinténiac parvint à

(1) Marquise de La Rochejaquelein, p. 213.

gagner l'Angleterre; mais sa mission fut inutile. Nulle aide ne vint aux Vendéens ; aucun prince ne comprit qu'avec une autorité incontestée et un léger secours, les Vendéens pouvaient arriver à tout !

Pendant que ceci se passait à la Boulaye, l'armée se rassemblait pour l'expédition projetée. Les Suisses qui servaient dans l'armée vendéenne (1), demandèrent que l'attaque eut lieu le 10 août, jour anniversaire du massacre des leurs aux Tuileries. Différents retards empêchèrent de donner satisfaction à leur demande, et le 12 seulement, l'armée tout entière se trouva rassemblée au camp de l'Oie: elle se composait de trente-six mille hommes (2).

Le 14, l'armée arrive en vue de Luçon. La Rochejaquelein et Lescure demandent à Charette le poste qu'il désire: « Le plus près de l'ennemi, messieurs, répond-il, ce fut assez

____

(1) Trois cents Suisses, échappés du 10 août, avaient gagné la Vendée et y combattaient sous les ordres de Keller.

(2) Deniau, t. II, p. 383. Eug. Veuillot, p. 143.

longtemps le vôtre. » Il est chargé de l'avant-garde.

Le général Tuncq, qui commande à Luçon, sait malheureusement par ses espions, protestants du pays, tout ce qui se passe parmi les Vendéens, et il prépare sa défense en conséquence. Dans l'armée royale, au contraire, d'Elbée compte sur les autres, ne donne pas assez d'ordres, et l'avant-garde qui commence le feu, n'est pas soutenue à temps. Henri commande l'aile droite, mais, ne connaissant pas le pays, il se laisse conduire par Marigny, qui se trompe de route et l'égare ; ils n'arrivent tous deux que pour assister à la défaite (1). La Rochejaquelein tente alors de protéger la retraite, débarrasse le pont de Minclet d'un caisson renversé qui l'obstrue, et sauve ainsi beaucoup de monde (2). Prenant ensuite position près du pont de Bessay avec quelques hommes, il arrête la cavalerie ennemie, donne aux paysans

(1) Voir appendice, note VII.

(2) Il descendit même de cheval et aida, de ses mains, à enlever l'obstacle. Théodore Muret, *Vie populaire*, p. 21. Marquise de La Rochejaquelein, p. 222.

le temps de fuir, et ne se retire que lorsque tous sont passés (1).

Ce fut une désastreuse affaire; elle coûta quinze cents hommes aux Vendéens. La principale faute avait été l'attaque même de Luçon, les paysans perdant une partie de leurs avantages, lorsqu'ils combattaient en plaine.

Tuncq, enivré de sa victoire, fit massacrer les prisonniers. Cet acte odieux ne le préserva pas des jalousies républicaines ; les efforts des commissaires, qui avaient assisté au combat, ne purent le sauver, et peu après, il fut destitué.

Malgré des succès qui devenaient trop fréquents, la Convention se plaignait de ne pas aller assez vite. Elle donna ordre de couper les moissons et d'affamer le pays. On osa plus. Santerre écrivait: « Des mines!... Des mines à force!... des fumées soporatives et puis tomber dessus » (2), et la Convention accueillait l'idée,

<hr>

(1) Bourniseaux, t. II, p. 44. Théodore Muret. *Vie populaire*, p. 21. Crétineau-Joly, t. I, p. 227. Eug. Veuillot, p. 144.

(2) Le général Santerre au ministre, 22 août 1793. Savary, t. II, p. 51. Dépôt de la guerre, armée des côtes de La Rochelle, Wallon, p. 185.

Rossignol l'appuyait, Robespierre, Collot d'Her-
bois, Barrère, Fouché, demandaient un rapport
au chimiste Fourcroy sur les moyens à
employer (1). L'idée seule d'un acte aussi mons-
trueux suffirait pour déshonorer une époque.
Que dire d'une assemblée dans le sein de
laquelle, une telle infamie fut non seulement
émise, mais discutée!

(1) Crétineau-Joly, p. 229-230. Théodore Muret, t. I, p. 269.
Eug. Veuillot, p. 145-157. Deniau, t. II, p. 408-409.

CHAPITRE VII.

L'instant est bien solennel. La pauvre Vendée, enlacée de toute part (1), combat avec ardeur ; mais, isolée au milieu de la France, sans ressources extérieures, sans renouvellement de troupes, elle ne peut que s'épuiser. Elle le fera héroïquement, et ses vaillants soldats lutteront, jusqu'à la fin, pour leurs libertés religieuses et politiques.

Charette, Joly et Savin attaquent les divisions qui menacent leur pays ; Goulaine et les autres chefs de la Basse Vendée sortent aussi de leurs cantonnements, et marchent au devant de l'ennemi. Enfin, le 24 août, d'Elbée lance, de

_____

(1) Ronsin envoie au Comité de salut public, le 29 août, un plan de campagne. Ce plan comprend 55,000 hommes distribués en cinq colonnes. (Dépôt de la guerre, Wallon, p. 154).

Châtillon, une proclamation, que signent les généraux présents, appelant aux armes ceux qui veulent soutenir la bonne cause (1). Cet appel eut peu de succès en dehors du pays; mais il fut entendu des Vendéens, qui accoururent en grand nombre.

Le 3 septembre, la grande armée se réunit près de Chantonnay. Le général Tuncq, qui a témérairement engagé son armée dans le Bocage, est destitué juste au moment où il était le plus nécessaire aux siens. Son successeur, Lecomte, le fameux commandant du bataillon *le Vengeur*, ne sait rien des plans qu'il a formés et se trouve dans le plus grand embarras. Un officier vendéen, de Rostaing, conseille de tourner, sans plus attendre, l'armée ennemie. Le conseil est suivi, et le 5 septembre, Royrand se porte du côté des Quatre-Chemins pour tromper l'ennemi, tandis que les autres chefs, qui ont marché une partie de la nuit, attaquent l'armée républicaine sur ses derrières. La Rochejaquelein

(1) Cette longue proclamation se trouve dans Deniau, t. II, p. 117.

et d'Autichamp (1) conduisent les soldats de Bonchamps (2). D'Elbée, Lescure, avec leurs corps, se battent avec fureur. *Le Vengeur* est écrasé après une belle résistance : sur huit mille hommes que comptent les Républicains, trois cents seulement parviennent à s'échapper (3).

Les prisonniers ayant fait partie du *Vengeur* furent passés par les armes, comme coupables d'assassinats et d'incendies. Leur colonel, Monet, fut fusillé ; avant de mourir, il avoua ses crimes et se convertit. Malgré la justice de ces exécutions, les Vendéens ne les faisaient qu'à

(1) Crétineau-Joly, t. I, p. 235.

(2) « La grande armée fit son rassemblement et se porta à Chantonnay, où les Républicains avaient un fort camp. C'était la même armée qui nous avait battus à Luçon. On les attaqua, et ce ne fut que par ruse de guerre que l'on put les vaincre : il fallut faire une contremarche, dans la nuit, de quatre lieues au moins. Ils furent surpris de se voir attaqués par cette colonne et eurent la déroute complète ; on fit brûler leur camp, qui occupait au moins une lieue de terrain. Le trait le plus remarquable et qui leur donna la déroute, ce fut que M. Henri et M. le chevalier de la Sorinière passèrent dans leur camp, le sabre à la main, accompagnés de leurs braves cavaliers qui suivirent leurs exemples. » (Pauvert, *Mémoires* inédits, p. 11).

(3) Chalbos à Rossignol, le 6 septembre, avoue que l'armée de Tuncq est réduite à mille hommes. (*Moniteur* du 12 septembre).

contre-cœur (1), et leurs femmes, qui pourtant avaient eu tant à souffrir, étaient remplies de pitié pour ces misérables. Henri en trouva plusieurs à genoux près des corps des exécutés : « Que faites-vous là, leur dit-il? » — « Nous prions pour ces pauvres gens, répondent-elles!.... » Et pourtant.... à peu de distance, d'Elbée voyait un chien lécher les plaies d'une femme massacrée par les Bleus, son enfant nouveau-né entre les bras (2).

Ce triomphe dégageait un peu le pays; mais il était partiel, et n'empêchait pas le danger d'être grand et immédiat. Les généraux s'assemblent en conseil aux Herbiers, afin de prendre les mesures nécessaires, et de se partager « un pouvoir qui n'est plus que le droit de

(1) D'Elbée avait fait une proclamation menaçant les Républicains, et les prévenant qu'on userait de représailles : « Dans le fait, on n'a jamais eu le courage de suivre la proclamation ; tous les cœurs se refusaient à imiter la barbarie des Républicains. Je dirai à mesure, et avec exactitude, les dommages qui ont pu être causés par nos gens; il y en a eu si peu, que ce sera un sujet d'admirer leur incomparable bonté. » Marquise de La Rochejaquelein, p. 225.

(2) Johanet, t. I, p. 14.

mourir » (1). D'Elbée reste généralissime. Cinq commandements sont institués : Bonchamps prend la direction des bords de la Loire ; Lescure, de la Vendée Poitevine ; La Rochejaquelein, des paroisses limitrophes de l'Anjou et du Poitou ; Charette, des environs de Nantes et des côtes ; Royrand, Sapinaud (2), prennent celle des cantons du centre ; Marigny et Talmond restent chargés de l'artillerie et de la cavalerie ; Stofflet conserve son poste de major général.

Il était temps de s'organiser, car, le danger devenait de plus en plus pressant. Vingt-quatre mille hommes, sortis de Mayence et des autres villes de l'Est à la suite des capitulations, avaient été envoyés en Vendée, et venaient d'arriver à Nantes avec leur général, Kléber. Les Patriotes, comme la Convention, attendaient d'eux l'anéantissement de la Vendée.

Les diverses armées qui s'apprêtaient à tomber sur elle, formaient un effectif de cent quinze mille hommes, sans compter les enrôlés et les gardes

(1) Crétineau-Joly, t. I, p. 235.
(2) Sapinaud de la Rairie, neveu de celui qui venait d'être tué.

nationaux (1). Le total général ne montait pas à moins de deux cent quarante mille hommes (2).

Bientôt Canclaux et Kléber, qui commandent l'armée de Nantes, se mettent en campagne, avancent malgré Charette et se rendent maîtres de Pornic, Bourgneuf, Machecoul, Legé, Palluau, Montaigu et Clisson. Les Mayençais,

(1) Tableau des forces républicaines dans l'Ouest, 1er septembre 1793, formé sur les appels mêmes, et réparties officiellement comme suit :

Garnison de Mayence, de Condé et de Valenciennes   21.000
Armée des côtes de La Rochelle 41.000
Armée des côtes de Cherbourg . . . . ,   15.581
Armée des côtes de Brest . . . . . . ,   35.300
      Total : 115,881 soldats.

Crétineau-Joly, t. 1, p. 238-239.

Bourniseaux, t. II, p. 58, dit cent quarante mille hommes de troupes réglées.

(2) Marquise de La Rochejaquelein, p. 232.

Théodore Muret, *Vie populaire de Bonchamps*, p. 30.

Beauchamp, t. II, p. 20, dit deux cent cinq mille hommes.

« Nous aurons cent cinquante mille hommes sous nos drapeaux et les Vendéens auront vécu », écrit le 11 septembre Bourbotte à Prieur. Grille, t. II, p. 132.

« On estime, par le résultat des rassemblements qui se font autour de la Vendée, qu'il y a 400.000 hommes prêts à fondre sur les rebelles. » (Lettre des commissaires de la section des Gardes françaises près l'armée de la Vendée, datée des Ponts-de-Cé, le 16 septembre. Séance de la Convention du 23, *Moniteur* du 25 (exagération évidente).

habilement conduits, jettent partout la terreur
sur leur passage.

Dans le Haut Poitou, Lescure, de son camp
de Saint-Sauveur, protège le pays. En Anjou,
la d vision de Bonchamps enlève le camp de la
Roche d'Erigné, près des Ponts-de-Cé. Enfin,
La Rochejaquelein se dirige sur Martigné.
Il est attaqué le 8 septembre (1); le combat est
opiniâtre et sanglant. Henri, occupé à donner
des ordres dans un chemin creux, reçoit une
balle qui lui casse le pouce en trois endroits et
remonte jusqu'au coude. Il tient un pistolet, ne
le lâche même pas et dit simplement à son
domestique : « Mon coude saigne-t-il ? » — « Non
monsieur. » — « Je n'ai donc que le pouce
cassé. » Et il continue à donner ses ordres,
jusqu'à ce que la victoire soit complète (2).
La nuit arrive, trop tôt malheureusement,
et l'armée républicaine peut se retirer tranquillement, les ténèbres empêchant toute poursuite.

Le lendemain, Henri, dont la blessure était

(1) Crétineau-Joly, t. I, p. 243.
Deniau, t. II, p. 446, dit le 12 septembre.
(2) Marquise de La Rochejaquelein, p. 232

fort grave, se vit obligé de quitter l'armée. Stofflet le remplaça et marcha le 14 sur Doué ; blessé à son tour, il fut, lui aussi, forcé de se retirer. Ce même jour, Lescure tentait inutilement de s'emparer de Thouars, mais faisait sa retraite en bon ordre (1).

Ces légers succès remplissent de joie les Républicains ; « Dans trois jours, écrit le 14, Rossignol à Prieur, nous planterons l'arbre de la liberté à Mortagne. » — « Echauffe tes amis, dit à son tour Choudieu à Lambert, échauffe les troupes et les gardes nationales ; il s'agit d'une semaine vigoureusement conduite pour enfouir la rébellion sous un monceau de cendres... Ne balançons pas, brûlons et rasons tout » (2).

Ils se trompaient, dans leur insolente assurance. La Vendée n'était pas loin de sa perte, hélas ! Mais avant de succomber, elle devait plus d'une fois encore, défaire ces armées innom-

(1) Ce fut à peu près à ce moment qu'un jeune homme de La Rochelle, Allard, âgé de vingt ans, rejoignit l'armée. Madame de Donnissan, à laquelle il s'adressa d'abord, l'envoya à Henri, qui le prit comme aide-de-camp et en fit même bientôt son ami.

(2) Grille, t. II, p. 149 et 151.

brables et donner au monde le spectacle d'une résistance admirable.

Le 18 septembre, Santerre et Ronsin s'avançaient sur Coron avec quarante mille hommes (1). Piron, avec deux mille hommes, se trouve à Chanteloup. Il n'hésite pas ; il sait qu'il faut tout tenter : il se porte sur Coron, appelle les paysans des environs, est rejoint par ceux que La Rochejaquelein blessé a pu rassembler, et dont il a confié le commandement à Laugrenière. Ces petites troupes réunies ne donnent guère que dix à douze mille hommes (2). Malgré une telle infériorité, Piron s'avance, profite habilement des fautes de Santerre, déloge les Républicains du bourg de Coron et les met complètement en fuite. Ce brillant fait d'armes augmente encore la gloire de Piron, et fait une heureuse diversion en faveur de la Vendée. Malheureusement, peu de temps après, les Républicains emportent

(1) *Moniteur* du 24 septembre. Crétineau-Joly, t. I, p. 248. Deniau, t. II, p. 474.

(2) Crétineau-Joly, t. I, p. 248.
Deniau, t. II, p. 475, dit sept à huit mille hommes.

le pont Barré et pénétrent jusqu'à Saint-Lambert, Chemillé et la Jumellière. Piron se dirige de ce côté et se joint au chevalier Duhoux : ils marchent ensemble sur le pont Barré, le reprennent, poursuivent les Républicains jusqu'aux Ponts-de-Cé et en tuent un grand nombre. Ce succès dégage complètement l'Anjou.

Une victoire plus décisive encore se prépare sur un autre point. Charette, malgré tous ses efforts, s'est vu rejeté de ses positions. Poursuivi par Kléber et Canclaux, il a été obligé de se replier sur Tiffauges et Torfou. Dans cette extrémité, il envoie prévenir le Conseil supérieur et lui demander du secours. Les généraux, réunis à Châtillon, s'empressent de répondre à cet appel ; ils rassemblent les paroisses, et le 17 septembre quarante mille hommes se trouvent à Cholet (1). Tous les généraux sont présents, sauf La Rochejaquelein (2) et Stofflet qui sont retenus par leurs blessures.

(1) Deniau, t. II, p. 465.

(2) Beauvais, *Mémoires*, p. 25, et Bourniseaux, t. II, p. 65, prétendent que La Rochejaquelein était à la bataille de Torfou.

Le 19 septembre, l'armée se dirige sur Torfou et Charette commence l'attaque. Ses troupes, fatiguées, combattent mollement et reculent; les femmes des environs les ramènent au combat. Malgré cela, les Mayençais avancent toujours; ils ont emporté Torfou, et arrivent aux quatre routes qui se croisent à l'entrée de l'avenue du Couboureau. Lescure voit le danger et s'écrie: « Y a-t-il quatre cents hommes assez braves pour venir mourir avec moi ? » Les gars des Echaubrognes, au nombre de dix-sept cents, suivent Bourasseau, leur chef, et répondent: « Oui, M. le marquis, nous vous suivrons où vous voudrez. » C'étaient, avec les paysans des paroisses voisines, les meilleurs soldats de son armée; on les appelait : « *Les grenadiers de la Vendée* » (1). Quelques centaines d'autres se joignent à eux, et Lescure, avec trois mille braves, soutient pendant plus de deux heures l'attaque des Mayençais. Bonchamps et les autres généraux font des efforts inouïs. Tous se

(1) Marquise de La Rochejaquelein, éd. de 1823, collection Baudouin, p. 213. Dix-sept hommes des Echaubrognes périrent à Torfou.

battent en désespérés ; ils savent que le sort de la Vendée dépend de ce combat.

Après une lutte acharnée, qui a duré toute la journée, les Républicains sont enfin forcés de reculer, et leur déroute complète n'est arrêtée que par le dévouement d'un commandant, Chevardin, qui, d'après l'ordre de Kleber, se fait tuer avec son bataillon, en défendant le pont de Boussay. Canclaux et d'autres généraux arrivent au secours de Kléber ; tous sont obligés de reculer ; ils ne peuvent résister au mouvement qui entraîne toute l'armée républicaine.

Le succès est complet : deux à trois mille Républicains sont hors de combat (1) ; plusieurs pièces de canon, un grand nombre de fusils restent aux mains des Vendéens. C'est un glorieux triomphe, car les vaincus sont des ennemis que la Prusse n'a pu réduire ! (2).

(1) Bourniseaux, t. II, p. 67, dit quinze cents tués et huit cents blessés.

(2) « Les Vendéens volaient d'une victoire à l'autre. Leur activité et leur intrépidité dans les combats semblaient miraculeuses ; ils firent tête à plus de soixante mille hommes de troupes réglées, dispersèrent et rendirent nulle une masse prodigieuse de citoyens armés contre eux. » (*Mémoires* d'un ancien administrateur militaire des armées républicaines. Collection Baudouin, p. 87).

Canclaux, furieux, crie aux soldats, qu'il voit fuir: « Vous avez déshonoré vos lauriers de Mayence. » — « Ce n'est pas étonnant, répondent-ils, ces diables en sabot se battent aussi bien que nous et tirent mieux » (1).

Pour compléter la victoire, Lescure et Charette se portent le lendemain sur Montaigu, et y défont complètement le général Beysser.

Il avait été convenu entre les généraux que, le 21, tous se dirigeraient sur Clisson, afin d'essayer de débarrasser le pays des Mayençais. Malheureusement, Charette, vivement pressé par les gens de Saint-Fulgent, entraîna Lescure de ce côté, et se contenta d'envoyer à Bonchamps, un messager chargé de lui annoncer son changement de projet. L'attaque de Saint-Fulgent fut une victoire, et l'armée des Sables recula jusqu'à Chantonnay. Malgré le succès, cette marche sur Saint-Fulgent fut une grande faute: si Charette et Lescure, comme il avait été convenu, s'étaient portés avec Bonchamps sur la colonne de Canclaux et sur le reste des

(1) Crétineau-Joly, t. I, p. 254.

Mayençais, ils auraient eu un succès presque certain, et plus utile; ils auraient pu anéantir cette terrible armée et frapper un coup décisif. Qu'arriva-t-il au contraire? Bonchamps, n'ayant pas reçu le message de Charette, (1) et se croyant soutenu, attaqua, au moment fixé, le convoi de vivres et de bagages de Kléber, s'empara même d'une partie des équipages; mais, après un combat long et brillant, ne se voyant pas appuyé, il fut obligé de se retirer sans avoir remporté d'avantage sérieux, laissant l'armée républicaine achever tranquillement sa retraite sur Nantes. Cette faute, malheureuse certainement au point de vue militaire, eut un résultat plus fâcheux encore : elle jeta la division et la défiance entre les généraux; les soldats de Bonchamps en voulurent toujours depuis à ceux du Bas-Poitou. La mésintelligence pénétrait ainsi dans tous les rangs.

Malgré ce dernier contre-temps, la situation du pays était bien meilleure; les Vendéens

(1) Le courrier envoyé par Charette à Lescure avait été pris par les Bleus. Bourniseaux, t. II, p. 74.

tenaient tête de tous les côtés, et partout ils
étaient victorieux. Cependant ces victoires
mêmes, quelque belles qu'elles fussent (1), étaient
fatales ; elles épuisaient les forces de la Vendée.
Peut-être, eût-il mieux valu moins de gloire et
une simple résistance par combats partiels et par
escarmouches, à la manière de Charette. Encore,
ce système-là pouvait-il réussir? Les armées
envoyées contre la Vendée étaient si considérables, qu'elles devaient forcément, si elles
n'étaient arrêtées par de grandes défaites, pénétrer partout et tout anéantir.

Les paysans, fiers de leurs succès et ne
prévoyant pas l'avenir, faisaient éclater leur
joie ; ils chantaient des *Te Deum* et fêtaient leur
délivrance. A la Convention, au contraire,

(1) « Dans le cours de sept mois (avril-octobre 1793), les
habiles généraux royalistes avaient mis toutes nos armées en
déroute, fait trente mille prisonniers, et s'étaient rendus maîtres
de trois cents bouches à feu. Les Vendéens ne devaient leurs
succès qu'à eux-mêmes, car ils ne recevaient aucun secours de
l'étranger ; mais le ministre Bouchotte les seconda puissamment
en faisant diriger l'armée républicaine par Ronsin et Rossignol,
qui empoisonnèrent l'armée d'une foule de septembriseurs et de
généraux pour lesquels le massacre était une récréation. »

Dannican, *Brigands démasqués* (Londres, 1796), p. 166.

l'étonnement était grand : « Quarante mille citoyens ont fui devant cinquante mille brigands, et la Vendée s'est grossie de cet incroyable succès », disait Barrère dans son rapport, et il ajoutait: « C'est donc à la Vendée que vous devez porter toute votre attention, toutes vos sollicitudes: c'est à la Vendée que vous devez déployer toute l'impétuosité nationale et réunir tout ce que la République a de puissance et de ressources.... La Vendée et encore la Vendée! Voilà le chancre politique qui dévore le cœur de la République française; c'est là qu'il faut frapper » (2).

Et sous l'empire d'une crainte excessive, de sages mesures furent prises : on résolut, avant tout, de concentrer l'autorité dans une seule main, en nommant un général en chef.

Pendant que les Républicains arrivaient à cette unité dans le commandement, si nécessaire à tous, les Vendéens ne pouvaient s'entendre, et la désunion s'affirmait de jour en jour.

(2) Rapport sur la Vendée, Barrère, séance du 1ᵉʳ octobre 1793. Archives nationales, Bibliothèque administrative, AD VI 57.

Charette, se laissant influencer par de petites contrariétés, à propos du partage des munitions prises à l'ennemi, regagnait ses cantonnements, malgré les promesses faites à Lescure.

Bonchamps, La Rochejaquelein et Lescure ont déjà fait de grands sacrifices pour le maintien de la paix, mais à côté d'eux et au-dessous d'eux, il n'en a point été ainsi : l'amour-propre et les ambitions personnelles ont causé déjà, et causeront dans la suite, les plus tristes malentendus et les divisions les plus funestes. Au moment où les armées républicaines s'avancent, sous les ordres de Léchelle, homme incapable, mais que dirige Kléber, les généraux se voient donc obligés de séparer leurs différents corps, car il a été décidé que chaque division défendrait désormais ses cantonnements respectifs. Bonchamps, retourné en Anjou, attaque seul Kléber à Saint-Symphorien, et est obligé de se retirer devant la supériorité du nombre.

Bientôt, Lescure, menacé par Chalbos, qui occupe Bressuire et se dirige sur Châtillon, appelle La Rochejaquelein à son secours. Henri, dont la blessure n'est pas guérie, arrive avec

Stofflet. Cinq à six mille hommes seulement les suivent (1). C'est peu, mais les Républicains approchent du centre du Bocage, il faut, coûte que coûte, essayer de leur barrer le passage.

La petite armée se poste sur les hauteurs du Moulin-aux-Chèvres. Le 9 octobre, Chalbos vient l'attaquer avec seize mille hommes. Plusieurs charges brillantes sont repoussées, la victoire est aux Vendéens, quand Westermann, profitant du moment où les paysans *s'égaillent* pour poursuivre, s'élance avec ses grenadiers et parvient à percer la ligne des Vendéens. Lescure, Henri et Stofflet essaient en vain de rétablir l'équilibre, la défaite est complète : « Nous ne perdîmes cependant pas grand monde, par le dévouement de ces messieurs, dit la marquise de La Rochejaquelcin ; étant parfaitement montés, ainsi que deux domestiques, ils firent courir pendant deux heures les hussards sur eux, en leur criant qu'ils étaient les généraux, se nommant, s'arrêtant dès qu'ils voyaient

(1) Bourniseaux, t. II, p. 82.
Crétineau-Joly, t. I, p. 268.
Eug. Veuillot, p. 163.

les hussards fatigués de les poursuivre; pendant ce temps, les paysans se sauvaient par des routes obscures et toutes opposées aux chemins qu'ils prenaient » (1).

Enfin, la Sorinière arrive avec deux mille hommes et protège la retraite sur Cholet. Châtillon est occupé le soir même par Wester-mann, qui pille et brûle spécialement Rorthais, Saint-Aubin, Nueil et les Aubiers. « L'armée de la République est partout précédée de la terreur; le fer et le feu sont maintenant les seules armes dont nous fassions usage », écrivent les représentants du peuple, le 9 octobre, au Comité de Salut public (2).

(1) *Mémoires*, p. 253.
(2) Savary, t. II, p. 239.

CHAPITRE VIII.

CHATILLON. — RETOUR DE WESTERMANN.

LA TREMBLAYE. — CHOLET. — PASSAGE

DE LA LOIRE. — MORT DE BONCHAMPS.

Bonchamps et d'Elbée, devant le pressant
danger qui menace la Vendée, réunissent leurs
paysans à Cholet, se joignent aux débris de
l'armée de Lescure, et marchent sur Châtillon,
qu'il est nécessaire de reprendre (1). La Rochejaquelein, le bras encore en écharpe, Bonchamps
et Beauvais, à peine remis de leurs blessures,
commandent l'avant-garde.

Le 11 octobre (2), les premiers postes sont
bousculés et la ville emportée avec une telle
vivacité et un tel entrain, que Westermann ne

(1) L'armée vendéenne ne comptait que dix-huit mille six
cents hommes. Bourniseaux, t. II, p. 83.

(2) Théodore Muret, *Vie populaire*, page 24, indique le 8 et le
11 comme dates de ces deux batailles du Moulin aux Chèvres et
de Châtillon.

Crétineau-Joly, t. I, p. 268 et 269, dit le 8 et le 9.

La marquise de La Rochejaquelein, p. 257, dit, qu'on « fut
attaquer Châtillon le surlendemain de la déroute. »

peut rallier ses soldats, et est obligé de se retirer précipitamment avec le peu d'hommes qui lui restent, abandonnant vingt-cinq pièces d'artillerie, ses vivres, ses munitions, et un grand nombre de morts et de blessés. La poursuite se fait sur diverses routes: Lescure et La Rochejaquelein passent par Saint-Aubin, tandis que Beaurepaire et Legeay prennent directement la route de Bressuire, avec un faible détachement. Westermann, qui fuit par cette route, s'aperçoit du petit nombre de ceux qui le poursuivent, et conçoit le hardi projet de les culbuter et de rentrer dans Châtillon. Il prend cent hussards, leur donne en croupe cent grenadiers, et part à fond de train pour Châtillon. Il arrive à minuit, trouve les postes mal gardés par des soldats ivres, et pénètre dans la ville, répondant : « La Rochejaquelein, » aux « Qui vive? » des sentinelles (1).

Une fois là, il massacre et pille indifféremment

(1) Deniau, t. II, p. 565, témoignage de Louis Brard.

La marquise de La Rochejaquelein, p. 258, dit : « Le brave Loyseau reçut trois coups de sabre à la joue et tua trois Bleus, dont l'un se disait M. de La Rochejaquelein et appelait nos soldats ».

tout ce qui lui tombe sous la main. Ses soldats, presque aussi ivres que les Vendéens, ne font aucune distinction ; on se bat dans les rues, dans les maisons, dans les escaliers ; c'est une confusion horrible, une affreuse scène de carnage. Les femmes, les enfants, les vieillards, nul n'échappe aux soldats ivres de sang ; les Républicains de la ville périssent aussi bien que les Royalistes. Ce n'est qu'après cinq heures de boucherie et de mêlée, que Westermann, n'osant attendre le jour, quitte Châtillon et se retire jusqu'à Bressuire (1).

Le jour, qui commence bientôt à paraître, montre toutes les horreurs de la nuit. L'aspect de la ville est affreux : les maisons sont en feu, partout on voit des blessés qui gémissent, des cadavres mutilés, gisant pêle-mêle avec des débris de toutes sortes. Ceux qui ont survécu cherchent à se réunir, à se compter, et con-

(1) « MM. de Lescure, Henri, etc., avaient poursuivi sur différentes routes et étaient restés, chacun où il se trouvait, fort éloignés de la ville, pour y passer la nuit, après leur poursuite. »

(Notes de la marquise de La Rochejaquelein sur Crétineau-Joly, publiées par Grimaud, p. 11.

templent consternés les désastres de cette
terrible nuit.

Malgré ce triste coup de main, l'armée républicaine est en déroute ; il est temps de penser
à l'Anjou, et de faire face aux Mayençais qui
s'avancent sur Cholet (1). Châtillon est donc
encore une fois abandonné.

A ce moment, vraiment décisif, où la Haute-
Vendée est attaquée de toute part, on envoie
courrier sur courrier à Charette. Il fait la sourde
oreille et se dirige d'un autre côté (2) ; cependant,
on l'a secouru, lui, lorsqu'il reculait à Torfou !
Mais, depuis, des dissentiments sont survenus,
il refuse de passer outre, et de sacrifier son
amour-propre à la cause commune. Il affirma,
plus tard, ne pas avoir reçu les courriers, ce qui
est fort possible, et déchargerait sa mémoire ;
malgré tout, il ne pouvait ignorer complètement
le triste état de la Haute-Vendée, et ne devait

(1) Le général Léchelle avait sous ses ordres, avec les Mayençais, trois autres divisions : sa colonne comprenait quarante-
cinq mille hommes. Bourniseaux, t. II, p. 95.

(2) Bourniseaux, t. II, p. 38. Crétineau-Joly, t. I, p. 271. Eug.
Veuillot, p. 166. Deniau, t. III, p. 26.

pas s'en éloigner. Jamais en effet le pays n'avait été aussi menacé. Châtillon découvert, l'armée de Chalbos pouvait se reformer tranquillement à Bressuire, et s'avancer, à travers la Vendée, pour faire sa jonction avec Léchelle et Kléber, qui arrivaient à Mortagne. L'inquiétude était très grande ; les femmes, les enfants, les vieillards, craignant le massacre et l'incendie, se cachaient dans les bois ou cherchaient à se mettre sous la protection de l'armée vendéenne. Beaupréau, Trémentines et les autres villages au-delà de Cholet, regorgeaient de monde. Un succès seul pouvait sauver cette multitude, et lui permettre de regagner ses foyers; la défaite, nul n'osait y penser! On conçoit l'inquiétude de la population, et les jours d'angoisses qui s'écoulèrent pour elle, prélude seulement, hélas! des affreuses misères qui l'attendaient plus tard.

Le 15 octobre, Lescure s'avance jusqu'à la Tremblaye avec l'aile droite, pendant que d'Elbée et La Rochejaquelein, avec le centre de l'armée, attaquent l'ennemi du côté de Saint-Christophe-du-Bois. Arrivé à la Tremblaye, Lescure voit à vingt pas un bataillon ennemi;

il monte sur un tertre, et s'écrie : « En avant,
mes amis. » Au même instant, une balle lui
traverse la tempe; il tombe sans connaissance.
Ses soldats n'ont rien vu, ils se précipitent en
avant, passent sur son corps et se jettent sur
l'ennemi. Mais bientôt la triste nouvelle se
répand et met le découragement parmi les
Vendéens, qui lâchent pied aussitôt.

Cependant, au centre, La Rochejaquelein,
Stofflet, d'Elbée, soutiennent toujours le feu;
le combat est terrible et dure toute la journée.
A la nuit seulement, épuisés, ils rentrent dans
Cholet. Les Bleus couchèrent sur le champ de
bataille, mais la journée avait été rude pour eux:
Kléber avoua depuis que si les Vendéens étaient
revenus à la charge, son armée aurait été
écrasée (1). Malheureusement, pendant cette
journée, Bonchamps fut retenu à la Romagne
par de faux avis; sans cela, il est assez pro-

(1) Savary, t. II, p. 258.
La Rochejaquelein, en revenant, trouve au bord de la route
le brave Bibard, à bout de forces, et assis tristement le long de
la route ; il s'arrête, le relève, lui fait boire un peu d'eau-de-
vie et ne le quitte que lorsqu'il est en sûreté.
Théodore Muret, *Vie populaire*. p. 24.

bable que ce coup de main aurait été tenté.
Quant aux troupes rentrées à Cholet, elles
étaient trop fatiguées par une journée entière
de combat, pour pouvoir recommencer la lutte,
sans prendre de repos.

Lescure, blessé mortellement, est porté à
Beaupréau, et dans la nuit le Conseil se réunit
à Cholet. Bonchamps y développe sa malheureuse idée du passage de la Loire; d'Elbée et
La Rochejaquelein la combattent de tout leur
pouvoir. Elle est abandonnée pour le moment,
mais on accorde un détachement à Bonchamps,
pour garder la Loire à Saint-Florent; Talmond
est désigné pour le commander. La Rochejaquelein veut qu'on défende Cholet, Stofflet est de
son avis : la situation est favorable, un grand
effort peut tout sauver. Ce projet est adopté;
mais un grand nombre de Vendéens se sont
repliés sur Beaupréau, sans attendre d'ordre.
L'armée ainsi réduite, il n'est plus possible
d'arrêter Kléber, dont l'avant-garde est déjà aux
premières maisons de la ville. Il ne reste plus

qu'à se retirer sur Beaupréau, afin d'y concentrer ses forces (1).

Les Vendéens accourent de toute part ; l'armée se reforme : elle compte quarante mille combattants (2). Dans une nouvelle réunion du Conseil, La Rochejaquelein se prononce pour le retour immédiat à Cholet : il espère pouvoir surprendre les Républicains pendant le pillage de la ville. Le 17 octobre, l'armée tout entière se met en marche. Kléber, qui a fait sa jonction avec Chalbos, a quarante-cinq mille hommes sous ses ordres (3). Il est nominativement le subordonné de Léchelle, mais c'est lui qui dirige tout, et il a pris ses précautions en prévision d'une attaque. Malgré ce contre-temps, l'armée vendéenne avance et se range en bataille.

(1) Beauvais, Mémoires, p. 31, dit que rien n'était prêt pour le combat et que les caissons étaient presque vides.

(2) Théodore Muret, *Vie populaire*, p. 26. Crétineau-Joly, t. I, p. 275. Eug. Veuillot, p. 168.

(3) Théodore Muret, *Vie populaire*, p. 25.

Eug. Veuillot, p. 167, et Deniau, t. III, p. 35, disent trente-cinq mille hommes.

Jomini, t. IV, p. 315, donne les chiffres suivants : trente-six mille hommes, dont trois mille deux cents hommes de cavalerie trente pièces de canon.

La Rochejaquelein et Royrand commandent l'aile droite, du côté des bois de Saint-Léger ; Stofflet et Marigny sont à l'aile gauche ; d'Elbée et Bonchamps, au centre. La ligne des Vendéens s'étend de la route de Saumur au bois de Saint-Léger. Ils attaquent avec fureur ; la division de Brard est enfoncée. Carrier, qui se trouve au milieu d'elle, fuit épouvanté et se jette du côté de Kléber, qui s'écrie : « Soldats, laissez passer le citoyen représentant, et rejetez-le sur les derrières, il tuera après la victoire » (1).

De tous côtés les Vendéens l'emportent, jamais bataille n'a été conduite avec autant d'ordre et de science. Henri et Stofflet pénètrent jusqu'au faubourg de Cholet et s'emparent d'une partie de l'artillerie. L'épouvante se met parmi les Républicains : ils s'enfuient et cherchent à gagner la Moine. Malheureusement Kléber est là. Il fait avancer sa réserve ; Beaupuy, qui, pendant la bataille, a eu deux chevaux tués sous lui,

(1) Crétineau-Joly, t. I, p. 276. Deniau, t. III, p. 49.

Savary, t. II, p. 265, dit simplement que Carrier, effrayé, voulut suivre le mouvement et perdit son cheval à l'approche du pont.

10

commande une charge désespérée, et les rangs
des Vendéens se rompent (1). Au même instant,
un bataillon républicain attaque en flanc ; les
paysans croient à l'arrivée d'une autre armée,
perdent confiance, et des cris de « à la Loire,
à la Loire » (2), se font entendre, décourageant
les combattants. Les généraux, désespérés, font
des efforts héroïques, mais la panique est plus
forte qu'eux, et ils ne sont écoutés que de l'élite
de leurs soldats, quatre cents hommes environ.

« Bonchamps, d'Elbée et La Rochejaquelein
unissent leurs efforts. Ils veulent, par un prodige,
sauver l'armée ou s'ensevelir sous ses débris.
Ils parcourent les rangs, où la terreur et la
mort ont laissé tant de vides. Leurs prières
rassemblent quatre cents volontaires, bataillon
sacré de cavaliers et de fantassins. La plupart

(1) Savary, t. III, p. 266. Ernouf, *Vie de Kléber*, p. 45.

Dans le courant de la bataille, Beaupuy, jeté à bas de son
cheval, va être tué. « Prenez-le, prenez-le, crie Henri, c'est le
général, ne le tuez pas. » A ce moment, Beaupuy parvient à se
dégager et à se jeter dans un de ses bataillons.

Gellusseau, *Histoire de Cholet*, t. II, p. 277.

(2) On croit que les soldats républicains criaient eux-mêmes
« *à la Loire* », afin de démoraliser les paysans.

de ces volontaires sont des hommes qui, même en Vendée, ont mérité d'être réputés braves. Ce sont, Dupérat, Beaurepaire, Forest, des Essarts, Legeay, Duchaffault, Renou, La Ville-Baugé, Soyer, de Royrand, Cadi, Allard, Genay, Picherit, Delaunay, Tonnelet, Mondion, Tranquille, Vandangeon, de Braucourt, de Grelier, Loyseau, surnommé Berryer, parce qu'à la seconde bataille de Coron il avait tué de sa main plus de vingt volontaires d'un bataillon du Berri ; Barbot de la Trésorière, Chevigné, Guerry de la Vergne, Couty, Jousselin, Duchesne de Denant, Lusignan, Pardessus, Drouault, Raimbault, Mathurin Rochard et Jacques Marchais. Groupés autour de leurs trois généraux, ils s'élancent au cri de « Mort aux Républicains ! » qui sort de toutes les bouches à la fois. Il est huit heures du soir » (1).

La mêlée devient horrible, on se bat corps à corps, on se tue sans se voir, l'obscurité rend le désordre plus affreux encore. Tous les rangs sont confondus ; Vendéens et Républicains sont

____

(1) Crétineau-Joly, t. 1, p. 277.

entremêlés, s'excitant mutuellement et se battant avec fureur. « Tous les chefs se jettent au premier rang, dit Grille, ils courent et leurs bandes courent, et un moment tout se rompt sous la pression de cette masse enflammée » (1).

Nul ne veut céder. La Rochejaquelein s'écrie : « Mourons avec eux dans ces landes, mais ne reculons pas ! » (2) et la bataille continue, le voisin tuant son voisin, si à ses blasphèmes, il le reconnaît pour ennemi. Mais bientôt la déroute s'accentue. La Rochejaquelein, qui « s'est battu comme il se bat toujours, en héros » (3), ne peut se maintenir ; il est obligé de reculer vers le May, où il se retranche, et tient jusqu'à l'arrivée de Piron et de Lyrot.

Enfin tout est fini, et les débris de l'armée se réfugient à Beaupréau : « Ainsi, dit Kléber, se termina cette sanglante et mémorable journée. L'ennemi perdit douze pièces de canon, dont plusieurs du calibre de douze.... Jamais ils n'ont donné un combat si opiniâtre, si bien ordonné,

(1) La Vendée en 1793, t. II, p. 308.
(2) Gelusseau, *Histoire de Cholet*, t. II. p. 282.
(3) Grille, t. II. p. 311.

mais qui leur fut en même temps si funeste. Les rebelles combattaient comme des tigres, et nos soldats comme des lions » (1).

Les Vendéens avaient été vaincus par le nombre et par la discipline. Ils n'étaient que quarante mille paysans, et ils avaient lutté dix heures contre quarante-cinq mille soldats exercés, bien équipés, bien armés et d'un courage éprouvé (2). La défaite était glorieuse, mais elle était désastreuse, et, si Piron et Lyrot, arrivés avec leurs troupes fraîches, étaient parvenus à empêcher la poursuite immédiate, la malheureuse armée n'en était pas moins dans un état désespéré. Les pauvres Vendéens, en voyant leurs femmes et leurs enfants errer avec eux sur les routes, accablés de fatigue et de misère, n'ont plus qu'une idée, échapper à l'armée qui les suit, en traversant la Loire.

Trois généraux ont été blessés à mort : Lescure à la Tremblaye, Bonchamps et d'Elbée à la dernière bataille. Tout est réuni pour acca-

(1) Savary, t. II, p. 266. Baron Ernouf, *Vie de Kléber*, p. 48.
(2) Marquise de La Rochejaquelein, p. 264.

bler la malheureuse Vendée : beaucoup d'officiers sont morts ou blessés, le pays est envahi, les routes sont encombrées par les habitants qui fuient. Le manque de discipline ajoute encore à tous les maux, et les généraux qui restent, ne peuvent se faire obéir.

Lescure a appris l'affreux malheur, et il joint ses efforts à ceux de Henri, pour arrêter les Vendéens, et leur faire tenir tête à Westermann, qui s'avance vers Beaupréau. La Rochejaquelein propose même de retourner sur Cholet : « Les paysans, dit-il, n'étant pas sérieusement entamés, peuvent encore lutter avec chance de succès contre les Républicains » (1). Ses efforts restent sans résultat, et il ne peut même défendre Beaupréau. L'armée entière, précédée d'une foule affolée, se porte en aveugle vers la Loire. La Rochejaquelein, Stofflet, Piron, Forestier, se dirigent alors vers le fleuve en toute hâte, afin d'empêcher l'embarquement. Henri pleure de rage (2) : il voit, avec

(1) Deniau, t. III, p. 67.

(2) Les officiers poitevins surtout, désespérés, s'écriaient que l'armée était perdue ; M. de La Rochejaquelein était comme un furieux ». Marquise de La Rochejaquelein, p. 269.

son coup d'œil sûr, que tout est perdu si on passe la Loire, il voudrait tenter encore un coup audacieux : « Général, lui dit Stofflet, prenons cent braves et allons nous faire tuer à Cholet » (1). Mais tout est inutile ; prières, ordres, promesses, menaces, rien ne peut arrêter le passage commencé, et empêcher l'armée de courir à sa perte.

« Quand les officiers arrivèrent, au point du jour, c'était un spectacle étonnant et qu'on ne reverra jamais. Nous étions à Saint-Florent, les uns disent cent mille, les autres soixante-dix mille, dans le nombre environ dix mille femmes, dames ou paysannes, et à peu près autant d'enfants et de blessés; tous ces gens s'échappaient du massacre et de l'incendie: on voyait la fumée des maisons où les hussards mettaient le feu, à deux lieues de nous. A cet endroit, la Loire a une petite île, plus près de Saint-Florent que de Varades; il y avait une vingtaine de bateaux; les Vendéens se précipitèrent dedans, d'autres passaient à la nage, ou

____

(1) Stofflet et la Vendée. p. 122.

sur les chevaux, qu'un gué conduisait jusqu'à
l'île. Cette île et les deux bords de la Loire
étaient remplis de monde ; chacun s'appelait, se
culbutait, ceux qui étaient à Saint-Florent ten-
daient les bras aux autres; il semblait que, le
fleuve une fois passé, toutes nos peines seraient
finies. La plupart des officiers étaient sur la rive,
tâchant de retenir les soldats, mais ceux-ci
n'écoutaient rien » (1).

La Rochejaquelein, ne pouvant plus empêcher
le fatal passage, s'occupe activement de l'organiser. Il charge Piron, Talmond et Lyrot de
s'emparer d'Ancenis, et d'y prendre les bateaux
nécessaires au transbordement de l'artillerie.
Un détachement pousse jusqu'à Varades et
Ingrande, afin de prévenir toute surprise, et le
passage s'effectue tranquillement, mais non sans
des peines et des fatigues inouïes. Bonchamps
expire à peine arrivé sur l'autre rive. Son dernier ordre est la grâce de six mille prisonniers (2).

(1) Marquise de La Rochejaquelein, p. 268.

(2) Plusieurs historiens disent cinq mille. Le résumé d'une
lettre écrite de Saumur, par Richard, au C. de S. P. le 1er du
deuxième mois, donne six mille prisonniers délivrés à Saint-
Florent. Arch. Nationales, A F II. 267.

La Rochejaquelein quittait la Vendée le désespoir dans l'âme. Qu'allait-on devenir ? Tout manquait à la fois : on était sur la rive droite, Bonchamps seul y avait des intelligences, et Bonchamps venait de mourir. On s'éloignait du pays. Comment vivre, où trouver les approvisionnements nécessaires à une telle multitude ?

CHAPITRE IX.

ÉLECTION D'UN GÉNÉRALISSIME. — CANDÉ.

CHATEAU-GONTIER. — ENTRAMES. — PRISE

DE LAVAL. — JEAN CHOUAN.

La situation est cruelle et précaire; il faut, au
plus vite, songer à l'avenir et préparer une
organisation sérieuse. D'Elbée, grièvement
blessé, est resté en Vendée; Bonchamps vient
de mourir. Lescure, quoique hors de combat,
n'a rien perdu de son énergie, et c'est lui qui,
songeant au salut de tous, fait appeler les principaux officiers, et les détermine à élire un général
en chef; il voit que, plus que jamais, une autorité
respectée et reconnue est nécessaire. Les officiers réunis lui offrent le commandement, sans
aucune hésitation. « Je me crois blessé à mort,
leur dit-il, mais quand même j'en reviendrais,
je serai longtemps hors d'état de servir; la
position de l'armée exige sur-le-champ un chef,
il en faut un, connu et aimé de tout le monde,
surtout des paysans des différentes armées,

pour réunir la confiance de tous; c'est le seul moyen de nous sauver. M. de La Rochejaquelein, outre ses droits après moi, est le seul ici qui soit connu de toutes les armées; mon beau-père, n'étant pas du pays, serait moins bien accepté. Il faut ranimer sur-le-champ les soldats; je donne ma voix à M. de La Rochejaquelein, et je vous prie de le nommer, si vous êtes tous du même avis. Quant à moi, si je réchappe de ma blessure, vous pouvez être certains que je n'aurai jamais aucun désaccord avec Henri; c'est mon ami, et je vous déclare que je ne voudrai qu'être son aide-de-camp » (1). Les officiers délibérèrent quelques instants et nommèrent La Rochejaquelein généralissime à l'unanimité (2).

« Henri avait fait l'impossible pour ne pas être élu; il avait représenté qu'à vingt-et-un ans, il n'avait ni assez d'expérience, ni assez de talents; de bonne foi, il ne désirait pas être généralissime. . . . .

(1) Marquise de La Rochejaquelein. p. 276.
(2) « Le choix se porte sur Henri de La Rochejaquelein, jeune homme à peine âgé de 22 ans, l'honneur et l'espoir de son parti. »
Jomini, t. IV, p. 320.

On proclama M. de La Rochejaquelein généralissime, aux applaudissements universels des
troupes, que cela parut ranimer. . . . .
M. de Lescure me dit d'aller chercher Henri ;
je le découvris caché, pleurant à chaudes
larmes ; il vint se jeter au cou de M. de Lescure,
lui répéta qu'il n'était pas digne d'être général ;
qu'il prévoyait que bien des ambitions cher-
cheraient à traverser ses desseins ; il voulut lui
faire promettre de reprendre, sitôt guéri, son
commandement » (1). On parla d'élire un général
en second. Henri ne le voulut pas, disant qu'il
considérerait toujours M. de Donnissan comme
son supérieur et prendrait ses avis, Aussitôt
après l'élection, les officiers se réunirent en
conseil. Depuis deux jours on était sur la rive
droite ; les provisions étaient épuisées ; il fallait
songer à nourrir les quatre-vingt mille personnes
qui composaient ou suivaient l'armée (1). De plus,
on ne devait pas laisser aux Mayençais la
possibilité de rejoindre l'armée vendéenne par
Nantes ou Angers. Il était donc urgent de partir

(1) Marquise de La Rochejaquelein, p. 277.

sans délai ; mais où aller? Bonchamps n'était plus là, et personne ne connaissait ses plans ni les ressources dont il avait dit pouvoir disposer sur cette rive. La Rochejaquelein était d'avis de marcher sur Nantes, de prendre cette ville, qui était fort dégarnie de troupes, et de se mettre en communication avec l'armée de Charette. On ne sait pourquoi cet avis ne prévalut pas (2). Sur ces entrefaites, un envoyé de l'Angleterre, Saint-Hilaire, arriva et promit, de la part des Anglais, un débarquement à Saint-Malo. La Rochejaquelein et Lescure croyaient peu à ces promesses; il leur était d'ailleurs fort pénible d'accepter le secours des Anglais : ils désiraient ne rien devoir aux nations étrangères. Talmond, dont l'autorité était très grande dans le Maine, parla de soulever les environs de Laval, et la marche sur cette ville fut décidée. De là, on se promit d'aller à Rennes, et d'essayer d'entraîner les Bretons dans la lutte.

Au moment du départ, quelques-uns des prisonniers grâciés par Bonchamps tirèrent sur

(1) La Rochejaquelein, p. 273.
(2) Marquise de La Rochejaquelein, p. 278.

les Vendéens (1). Le représentant Merlin écrivit,
de son côté, au Comité de Salut public : « Ces
lâches ennemis de la nation (les Vendéens) ont,
à ce qui se dit ici, épargné plus de quatre mille
des nôtres qu'ils tenaient prisonniers. Le fait est
vrai, car je le tiens de la bouche même de
plusieurs d'entre eux. Quelques uns se laissaient
toucher par ce trait d'incroyable *hypocrisie*.
Je les ai pérorés, et ils ont bientôt compris qu'ils
ne devaient *aucune reconnaissance* aux Brigands. Mais, comme la nation n'est pas encore
à la hauteur de nos sentiments patriotiques,
vous agirez sagement en ne soufflant pas mot sur
une pareille indignité. Des hommes libres
acceptant la vie de la main des esclaves !
Ce n'est pas révolutionnaire. Il faut donc ensevelir dans l'oubli cette *malheureuse action*.
N'en parlez pas même à la Convention. *Les
Brigands n'ont pas le temps d'écrire ou de*

(1) « La masse des prisonniers n'a point participé au fait odieux
dont il s'agit ».Théodore Muret, *Histoire des guerres de l'Ouest*,
t. I, p. 334.

Plusieurs d'entre eux demandèrent grâce, plus tard, pour la
veuve de Bonchamps. Marquise de Bonchamps, *Mémoires*, p. 83.

Savary, t. II, p. 279, nie absolument que les prisonniers aient
tiré sur les Vendéens.

faire des journaux. Cela s'oubliera comme tant d'autres choses » (1). L'ingratitude était complète.

Le 20 octobre, l'armée traversa Ingrande, se dirigeant vers Candé. Tabari et Duverger, avec la garnison d'Angers, voulurent s'opposer à son passage ; ils furent battus, et s'enfuirent honteusement au milieu des vignes de la coulée de Serrant. Après ce succès, l'armée alla jusqu'à Candé, y coucha, et partit le lendemain, 21, pour Segré.

L'aspect des Vendéens était fort triste. L'avant-garde, commandée par Henri, se composait de douze mille hommes. Le centre, occupé par les blessés, les femmes et les enfants, offrait un spectacle déchirant et misérable: des mères portaient leurs petits enfants, des vieillards se traînaient péniblement, des fils soutenaient leurs pères mourants, des blessés tombaient et expiraient sur le bord de la route, des plaintes s'échappaient de toutes les bouches, et la pluie, la boue, la faim, venaient encore aggraver une

(1) Théodore Muret, t. 1, p. 336.
(2) Voir, appendice note VIII, le récit de Grille.

situation déjà si affreuse par elle-même. Cette armée extraordinaire ne couvrait pas moins de quatre lieues de route, de son avant-garde à son arrière-garde. L'avant-garde préparait la marche, l'arrière-garde défendait le centre.

Malgré cet arrangement, une ligne aussi longue eut été bien facile à couper. Heureusement, les Républicains, surpris de cette marche rapide, ne pensèrent pas à se porter vers le centre ; ils se bornèrent à combattre l'avant-garde ou à attaquer en queue. Il avait été défendu de piller, on ne devait demander que la nourriture et le logement (1). Dans la suite, les habitants les mieux disposés n'osant, dans la crainte des représailles républicaines, offrir la moindre chose, on fut obligé d'exiger, mais on le fit toujours avec la plus grande honnêteté.

La Rochejaquelein voulut essayer de remettre de l'ordre parmi les Vendéens ; mais avec des

---

(1) « ..... Vu la nécessité, comme nous n'avions aucun bagage, il était permis à tout le monde de changer de linge en laissant le sale, après avoir demandé honnêtement aux bourgeois du mauvais linge propre ; moi-même, j'ai changé ainsi plusieurs fois. » Marquise de La Rochejaquelein, p. 287.

paysans aussi indépendants, la tâche n'était pas facile. Les femmes, les enfants, les blessés, qu'il fallait emmener avec soi dans un pays inconnu et par une pluie continuelle, augmentaient encore les difficultés. De plus, Léchelle et les autres généraux républicains, arrivés à Ingrande le soir même du départ des Vendéens, ne cessaient de les poursuivre et de les harceler. Tout était donc embarras et difficulté pour Henri, qui se trouvait, à 21 ans, généralissime d'une armée indisciplinée et engagée dans une entreprise qu'il avait désapprouvée.

Malgré cela, il ne perd pas courage. Revêtu de la redingote bleue qu'il n'a pas quittée pendant toute la guerre, il galope sur son cheval « le Daim » (1), remarquable par sa vitesse, d'un bout à l'autre de l'armée, ranimant les courages par quelques bonnes paroles, consolant les infortunes, maintenant l'ordre et se montrant, en même temps, fort, courageux, juste et bon. Il craint par dessus tout les excès, et les prévient autant que possible par une stricte justice.

(1) Crétineau-Joly, t. I, p. 309.

Il fait exécuter un Allemand qui a assassiné une femme, pour voler ses bijoux (1).

Après un trajet de neuf lieues sous la pluie, l'armée vendéenne arriva à Château-Gontier, elle ne put y pénétrer qu'après un combat de deux heures contre la garde nationale. Douze heures de repos furent accordées, puis on se mit en route pour Laval, où l'on espérait trouver, en grand nombre, les paysans de Talmond.

L'armée arrive à Entrames, sans avoir rencontré d'ennemis, et se dirige sur Laval, où Esnue-Lavallée et le général Letourneux ont rassemblé quinze mille volontaires (1). Le 23 octobre, après quelques heures de combat, Letourneux prend la fuite; le bataillon de Mayenne se bat mieux, mais est aussi forcé de se retirer en désordre. La poursuite est vigoureusement poussée. Henri, le bras toujours en écharpe depuis Martigné, commande l'avant-garde; il rencontre, dans un chemin creux, un fantassin qui l'ajuste et tire; Henri évite adroite-

(1) De la Loire à Laval, deux soldats seulement méritèrent des châtiments.

(2) Marquise de La Rochejaquelein, p. 287.

ment le coup, se précipite sur le Bleu, et dirigeant son cheval avec les jambes, parvient à
terrasser son ennemi et à le maintenir avec sa
main gauche. Les Vendéens arrivent et veulent
tuer le soldat ; Henri ne le permet pas : « Retourne
vers les patriotes, dis-leur que tu t'es collcté
avec le général des Vendéens, sans armes,
n'ayant qu'un bras, et que tu n'as pas pu le
tuer » (1).

Le même jour, l'armée entra à Laval.
La Guérinière, qui se trouvait près de Henri,
fut tué par une balle partie d'une maison, et
évidemment destinée au généralissime. Ce
meurtre, commis après le combat, exaspéra les
Vendéens, et ils commencèrent à tuer les gardes
nationaux cachés dans les maisons de la ville.
Mme de Monfrand a recueilli un certain nombre
de ces malheureux, et vient supplier Henri de
faire cesser le massacre : « Ils ont voulu tirer
sur moi, Madame, répond-il, c'est donc moi

(1) Marquise de La Rochejaquelein. p. 287.
Théodore Muret, *Vie populaire*, p. 28.
Bourniscaux, t. III, p. 265.

qui dois pardonner le premier » (1), et il donne les ordres les plus sévères pour que toute poursuite cesse aussitôt.

Les habitants de Laval reçurent très bien les Vendéens, mais n'osèrent se joindre en masse à l'armée. Six mille paysans du Maine, seulement, vinrent retrouver Talmond, sous la conduite de Jean Cottereau, dit Jean Chouan. Ils servirent d'éclaireurs à l'armée, se battirent admirablement et rendirent de grands services. Mais ce n'était pas ce qu'on avait espéré, et le désappointement fut grand.

(1) Crétineau-Joly, t. I, p. 314.

« Certainement ces dames-là, et dans plusieurs villes, ont pu demander grâce : leur mérite est le même, puisqu'elles croyaient qu'on allait fusiller les Bleus ; mais leurs prières étaient fort inutiles. Le fait est que les Vendéens ne les fusillaient jamais. Leurs démarches n'ont pu sauver que peut-être quelques individus désignés comme scélérats notables du pays ou quelques tondus, c'est-à-dire des soldats déjà pris par les Vendéens, tondus par eux, et repris une seconde fois ; mais ces exemples ont toujours été très rares. » — Notes de la marquise de La Rochejaquelein sur Crétineau-Joly (*Vendée militaire*), publiées par Grimaud, p. 15.

CHAPITRE X.

L'armée se reposa deux jours à Laval. Henri
y travaillait à l'organisation générale, lorsque
l'approche de Westermann lui est signalée.
Le Conseil réuni, hésite : attendra-t-on l'ennemi
ou poursuivra-t-on la marche en avant ? La
Rochejaquelein, honteux de toujours fuir, incline
fortement pour une bataille immédiate ; son avis
l'emporte et tous se préparent au combat.

De faux rapports font croire à Westermann
que les Vendéens ont quitté Laval, et, il
s'avance vers cette ville, avec son impétuosité
ordinaire. Dans la nuit du 24 au 25 octobre,
Talmond, qui vient de faire une reconnaissance,
annonce l'approche des Républicains ; La Rochejaquelein envoie Martin, de l'armée de Bonchamps, reconnaître la position exacte des Bleus ;
il ne veut agir qu'à coup sûr. La reconnaissance,

bien et promptement exécutée, lui apprend que Westermann s'avance sur la lande de la Croix de Bataille, à moins d'une lieue de Laval. Il prend aussitôt ses dispositions : établit une forte division sur la route du Mans, afin de protéger sa gauche; appuie sa droite sur la Mayenne, et avance à l'abri de tout mouvement tournant. Quelques Vendéens, protégés par l'obscurité, tournent les Républicains, et la bataille commence avec fureur, de tous les côtés à la fois. La mêlée devient affreuse; les ténèbres sont tellement profondes qu'ennemis et amis, confondus, puisent les cartouches aux mêmes caissons et ne se reconnaissent qu'à la voix; comme à Cholet, les Vendéens tirent où ils entendent jurer, certains de n'atteindre que des ennemis. Westermann ne veut pas reculer: à force de supplications, Beaupuy l'y décide enfin. Leur retraite est désastreuse : une batterie, placée par les Vendéens sur le pont d'Entrames, décime leurs rangs, et seize cents Républicains restent sur le champ de bataille (1).

Westermann, avec les débris de son armée,

(1) Deniau. t. III, p. 133.

regagne Château-Gontier. Léchelle et Kléber l'y rejoignent ; tous décident qu'un second combat doit être livré sans retard, et qu'il faut, à tout prix, anéantir les Vendéens. Ce retour des Bleus a été prévu, et l'Armée Royale est prête. Le 26 au matin, en faisant une patrouille, Forest et Talmond aperçoivent l'ennemi, et en portent aussitôt la nouvelle à La Rochejaquelein. Celui-ci, comprenant l'importance du combat qui se prépare, organise tout lui-même, et montre, avec une décision prompte et ferme, un véritable génie militaire.

Lorsque ses soldats sont réunis, prêts au combat : « Nous n'avons, leur dit-il, de salut que dans la victoire. Vos femmes, vos enfants, comme vous chassés de leur patrie par l'incendie ou par la mort, attendent dans une affreuse anxiété le résultat de la bataille. C'est la cause de Dieu, la cause du Roi, la cause de toutes les familles que nous défendons. Vendéens, rappelez-vous la défaite de Cholet. Que ce jour qui se lève répare cette funeste bataille et les horreurs qui en furent les suites » (1).

(1) Crétineau-Joly, t. I, p. 318. Deniau, t. III, p. 138.

Lescure veut joindre sa voix à celle de son cousin ; malgré ses blessures, il se fait placer sur le passage des troupes et ne cesse de les encourager à vaincre ou à mourir. La Rochejaquelein a donné l'ordre de s'emparer des hauteurs de la Jouanne ; Marigny y établit son artillerie. Talmond, Lyrot, Fleuriot, commandent la droite ; Royrand, des Essarts, la Ville-Baugé, de Hargues, la gauche ; Stofflet, Duhoux, le centre ; La Rochejaquelein dirige l'ensemble des mouvements.

Kléber, Westermann, Chalbos, Beaupuy, Dambarrère, Ménard, Savary, Marceau, s'avancent avec trente mille hommes (1), l'élite de leurs armées. Léchelle, qui se tient prudemment en arrière, veut, malgré son incapacité, diriger les mouvements ; il envoie à Kléber et aux autres généraux des ordres « marqués au coin de la plus crasse ignorance » (2). Il faut, malgré tout,

(1) Marquise de La Rochejaquelein, p. 290.

Savary, t. II, p. 302, dit vingt mille.

Kléber, critiquant le plan de Léchelle, dit : « Vingt mille hommes filant sur une colonne..... ! » Wallon, p. 173.

(2) Mémoires de Kléber, cités par Savary, t. II, p. 301.

obéir, et ils s'avancent contre leur gré, « en masse et sur une seule colonne. »

La Rochejaquelein, qui surveille attentivement leurs mouvements, voit avec étonnement un tel ordre de marche et se hâte d'en profiter. Il fait charger brusquement l'avant-garde ; Kléber, Beaupuy, Marceau, qui la commandent, font de vains efforts ; leur corps est défait et recule jusqu'à Entrames. Là, une batterie habilement placée va peut-être arrêter les Vendéens. Stofflet s'en aperçoit, se précipite avec Martin, emporte les pièces et les tourne contre les fuyards. Kléber veut les reprendre ; un combat acharné s'engage sur ce point. Henri, qui, avec un sang-froid admirable, un calme parfait, dirige tout et voit à tout, s'y porte ; le feu redouble. Bientôt, les munitions vont manquer : Royrand court en chercher, il revient, en rapporte, mais tombe mortellement atteint. Les soldats se désolent ; ils aiment leur vieux chef : « Mes amis, leur dit Henri, pleurant malgré lui, nous prierons demain pour M. de Royrand, vengeons-le aujourd'hui ! » (1) et le combat continue plus brillant et plus vif. Léchelle fuit ; quelques soldats l'imitent, mais la plupart combattent avec grand courage et ne cèdent que pied à pied. Les Mayençais tiennent les derniers ; écrasés par la masse victorieuse des Vendéens ils reculent, mais combattent toujours. La Rochejaquelein réunit en rangs serrés ses soldats et poursuit vivement. La nuit arrive, il faut en finir. Stofflet tourne les fuyards avec ses tirailleurs, et le combat devient une mêlée indescriptible : des bataillons sont coupés, d'autres cernés ; les Mayençais, acculés à la Mayenne, ne s'échappent qu'à la nage. Beaupuy, blessé grièvement, envoie sa chemise teinte de sang à ses grenadiers ; cette vue ranime leur courage, ils font un drapeau de la dépouille sanglante de leur brave général et tentent de défendre Château-Gontier. De l'artillerie est amenée ; des postes sont précipitamment installés près des ponts ; la ville est rapidement mise en état de défense.

Devant ces préparatifs, les Vendéens hésitent : « Mes amis, leur dit Henri, les victorieux cou-

(1) Crétineau-Joly, t. I, p. 321. Deniau, t. III, p. 140.

cheront-ils dehors et les vaincus dans la place? » (1) et il s'élance sur le pont. Les siens le suivent, les postes sont culbutés, la ville emportée, et l'armée républicaine quitte Château-Gontier en désordre. La Rochejaquelein, un drapeau à la main, traverse la ville, poursuit Kléber, qui veut rallier les Mayençais, le charge de nouveau, criant: « Mes enfants, laisserez-vous échapper encore ces hommes qui nous ont chassés de notre pays? » (2).

Le combat a duré douze heures. La victoire est complète, mais les soldats sont exténués; ils ont bien gagné le repos. La Rochejaquelein le leur accorde; lui seul veillera pour tous, et prendra les mesures nécessaires pour éviter une surprise. Lorsque, vers minuit, Marceau arrive, sa présence est aussitôt signalée. Henri se porte à sa rencontre, le met en fuite et le poursuit jusqu'à Segré (3).

(1) Marquise de La Rochejaquelein, p. 291.
(2) Bourniseaux, t. II, p. 148.
(3) Vers le commencement de cette escarmouche, Henri ayant envoyé chercher du renfort dans la ville, le galop des chevaux effraya les paysans, à moitié endormis, et une panique s'en suivit. Un Républicain s'étant mis à crier: « Fuyez, sauvez-vous », le désordre augmenta. Ce misérable fut sabré aussitôt, mais on eut beaucoup de peine à faire comprendre à tous la vérité, et à organiser le renfort demandé.

Cette journée et cette nuit ont coûté aux Vendéens six cents morts et quinze cents blessés. Les pertes des Bleus sont infiniment supérieures : « Nous abandonnâmes à l'ennemi, dans cette horrible déroute, dit Kléber, dix-neuf pièces de canon, autant de caissons, plusieurs chariots chargés d'eau-de-vie et de pain, et je perdis plus de mille hommes de ma division, qui donna seule » (1).

La Rochejaquelein combat depuis quatorze heures : il a tout commandé, tout dirigé ; il a montré une science, un sang-froid qui font l'admiration de ses officiers et de ses soldats (2). Tous crient : « Vive le roi ! Vive M. Henri ! » La joie est complète, l'enthousiasme général, et les Vendéens se reprennent à espérer.

Les Républicains rendent eux-mêmes justice aux talents hors ligne du vainqueur et au courage

(1) *Mémoires de Kléber*, Savary. t. II. p. 305. A la page 323 du même volume, Savary avoue que, six jours après la bataille, il manquait quatre mille hommes.

(2) « S'il (La Rochejaquelein) manquait d'expérience dans l'art des combats, il la remplaça par une résolution forte et vigoureuse, un coup d'œil pénétrant, et l'instinct naturel de la guerre. » Jomini, t. IV, p. 351.

de ses soldats : « .... Nous avions contre nous
leur impétuosité vraiment admirable, et l'élan
qu'un jeune homme leur communiquait. Ce jeune
homme, qui s'appelle Henri de La Rochejaquelein, et dont ils ont fait leur généralissime,
après le passage de la Loire, a bravement gagné
ses éperons. Il a montré, dans cette malheureuse
bataille, une science militaire et un aplomb dans
les manœuvres que nous n'avions pas retrouvé
chez les Brigands depuis Torfou. C'est à sa
prévoyance et à son sang-froid que la République doit cette défaite, qui a consterné nos
troupes ; mais, quel que soit son empire sur
l'esprit des paysans, il est bien difficile qu'il
puisse longtemps se maintenir au milieu d'un
pays qui n'est plus la Vendée, et où il ne
trouvera pas aussi facilement des ressources que
là-bas » (1).

L'armée républicaine est tellement entamée,
qu'elle est obligée de regagner Angers (2). Elle

(1) Kléber au Comité de Salut public, 28 octobre 1793. Crétineau-
Joly, t. I, p. 326.
(2) « Les Brigands ont une marche beaucoup plus révolu-
tionnaire que nous, nous sommes loin d'avoir leur énergie. »
Garnier, de Saintes, 18 brumaire, au Comité de Salut Public.
Arch. nat. AF II 268.

y arrive dans un désordre complet ; Léchelle, son général, a montré tant de lâcheté que, honni par tous, il quitte l'armée et va mourir misérablement à Nantes. Les généraux n'osent avouer leurs pertes ; mais le pays les connaît et les dit. Le bruit en parvient à la Convention, qui s'agite et s'inquiète : sur les rapports de ses commissaires, elle a cru la Vendée finie à Cholet, et voilà que cette armée, soi-disant détruite, vient d'écraser ses meilleures troupes !

La Rochejaquelein et les jeunes officiers qui occupaient Château-Gontier, désiraient vivement regagner la Vendée ; mais le Conseil et le gros de l'armée étant retournés à Laval, ils n'osèrent prendre sur eux une décision aussi grave (1). Ce fut un malheur irréparable : Angers, faiblement défendu par les armées vaincues, aurait facilement été pris, et de là, les Vendéens auraient pu

(1) « On ne doit pas faire de reproches à Henri : son extrème jeunesse lui donnait tant de défiance de lui-même et de modestie, qu'il ne voulait rien décider, malgré son caractère résolu. Heureusement dans le combat il faisait à sa tête, et nous gagnions la victoire ; mais nous allions tout de travers dans les marches, toujours réglées par le Conseil. »

Marquise de La Rochejaquelein, p. 293.

glorieusement regagner leur pays. En retournant à Laval, Henri passa par Craon et y battit Olanier et Chambertin (1). Il trouva les rues jonchées de cadavres : c'étaient les prisonniers Vendéens que les Républicains vaincus avaient massacrés avant de partir.

L'armée, revenue tout entière à Laval, s'y repose quelques jours. A ce moment, parviennent aux officiers, les horribles proclamations des représentants en mission dans l'Ouest, tendant à empêcher les populations de bien accueillir les Vendéens, et excitant les troupes à massacrer les malheureux fugitifs : « Marchons ensemble et noyons dans la Loire ou exterminons sur ses rives les lambeaux de l'armée catholique et royale. » — « Vous avez mis tout

(1) « Les troupes républicaines qui occupaient Craon étaient composées d'un corps de chasseurs de Paris, pleins de présomption.... Le général (La Rochejaquelein), averti.... fait embusquer dans une ravine une partie de son infanterie, et marche avec le reste vers la ville. Les Républicains se présentent au combat avec résolution ;.... le général des Vendéens recule avec l'apparence de la frayeur ; les Bleus le poursuivent sans ordre ;.... tout à coup les Royalistes sortent de leur embuscade : M. de La Rochejaquelein fait volte-face. Enveloppés de tous côtés, les Parisiens prennent la fuite ». — Bourniseaux, t. II, p. 150.

à feu et à sang sur le territoire des Brigands; vos victoires ont été terribles, comme la loi qui vous avait chargés de venger la République. Il ne fallait rien moins que ce grand exemple aux rebelles et aux ennemis du dedans. Vous vous êtes couverts de gloire et la patrie est satisfaite. Il ne nous reste plus qu'à détruire une partie de ces scélérats que vous poursuivez sans relâche; bientôt vous allez les atteindre et les exterminer » (1).

Un tel appel au massacre indigna La Rocheja-quelein et les autres généraux, et, afin de bien faire comprendre à tous les Vendéens ce qu'ils pouvaient attendre, s'ils étaient vaincus, on leur montra ces proclamations. L'effet en fut immense : ils jurèrent tous de ne pas se laisser tuer sans une résistance désespérée, et con-sentirent enfin à se plier à une organisation qu'il avait été, jusque-là, impossible d'établir. La Rochejaquelein fit faire un recensement exact de ses forces : on compta quarante mille hommes

(1) Proclamations des représentants du peuple en mission à Nantes, des 25 et 27 octobre.
Savary, t. II, p. 289.

pouvant se battre, dont mille cavaliers seulement, tous également mal armés et mal équipés (1). On ne compta pas un moindre nombre de
femmes, d'enfants, de vieillards et de blessés (2).
Henri ordonna à chaque paroisse de se réunir,
autant que possible, sous un même chef, et
forma cinq divisions, réunissant les paroisses
sous son commandement général. Un Conseil,
présidé par M. de Donnissan, fut organisé pour
remplacer le Conseil supérieur, dissous lors de
la prise de Châtillon. L'argent manquait : le
Conseil supérieur fit paraître un décret, expli-
quant les motifs qui l'obligeaient à créer des
bons et effets royaux, pour une somme de neuf
cent mille livres. Ce document, fait à Laval,
le 1ᵉʳ novembre 1793, signé : Donnissan, La
Rochejaquelein, Talmond, etc., etc., est un

(1) Théodore Muret, *Vie populaire*, p. 35.
Eug. Veuillot, p. 186.
Deniau, t. III, p. 156.

(2) « Voilà ce que je crois : il y avait 40,000 soldats braves,
20,000 se battant mal et rarement, et 40,000 femmes, vieillards,
enfants et blessés, quand nous étions à Laval. »
Notes de la marquise de La Rochejaquelein sur Crétineau-Joly
(*la Vendée militaire*), publiées par Grimaud, p. 16.

témoignage de l'honnêteté vendéenne. Certes, la République n'habituait pas la France à une telle délicatesse!

Pendant ce temps, l'armée républicaine s'était rapidement réorganisée, sous la direction des généraux et l'impulsion des représentants du peuple. Carrier écrivait de Nantes, le 9 novembre, aux officiers: « Vous tuez les soldats de La Rochejaquelein à coups de baïonnette; tuez-les à coups d'arsenic: cela est moins dispendieux et plus commode ». — Kléber, entendant lire cette infamie, ne put cacher son indignation, et s'écria, malgré la présence de Turreau et de Prieur: « Si Carrier était ici, je lui passerais mon sabre à travers le corps » (1). Tous les officiers furent du même avis, et la proposition fut repoussée avec le mépris qu'elle méritait.

Les Vendéens se sont reposés neuf jours à Laval; il est temps de songer au départ. Mais que faire, où aller? Le retour en Vendée n'est plus praticable; il est trop tard, l'armée républicaine s'est reformée. Talmond demande la marche

(1) Carrier aux représentants et aux officiers, 9 novembre 1793. Crétineau-Joly, t. I, p. 342.

sur Paris; La Rochejaquelein s'y oppose; on ne peut raisonnablement traîner, jusqu'à Paris, la foule qui suit l'armée. La marche vers la Bretagne serait désirable ; mais un individu, venu de Rennes, a fait des propositions bizarres ; il a parlé d'armée prête à se lever, tout en refusant de donner des explications complètes, et Henri, qui craint un piège, n'ose prendre immédiatement cette direction. Un transfuge, nouvellement arrivé, insiste pour que l'armée se porte vers Granville, disant qu'un débarquement y serait possible, il inspire confiance au Conseil et son avis est malheureusement adopté.

Le 2 novembre, l'armée quitta Laval. Stofflet, de sa propre autorité, prit la route de Mayenne: c'était s'allonger et se retarder; mais les autres généraux n'osèrent se séparer, et tous s'engagèrent sur cette route. L'ordre donné aux paysans de suivre par paroisse ne fut point exécuté; Henri et Stofflet, plus connus et plus aimés, furent presque uniquement suivis. Ces soldats improvisés obéissaient quand bon leur semblait, et nullement en aveugles, comme le font les soldats d'une armée régulière. Ce

manque de discipline fut le grand malheur des
Vendéens ; mais pouvait-on plus attendre de
paysans d'humeur indépendante, venus librement, et sachant parfaitement qu'ils pourraient
quitter l'armée le jour où ils le voudraient?

Le lendemain, 3 novembre, l'armée se met en
marche pour Ernée, et de là, se dirige sur
Fougères (1). Six à sept mille hommes, commandés par le général Brière, se sont retranchés
derrière quelques barricades et attendent les
Vendéens. Henri les attaque de face ; Talmond
opère un mouvement tournant et s'avance au
galop avec sa cavalerie. Les Républicains,
entendant derrière eux les cris de Vive le Roi,
Vive La Rochejaquelein, s'enfuient de toute
part. Beaucoup se cachent dans les maisons
de la ville ; les paysans les poursuivent avec
ardeur ; trois cents prisonniers, qui viennent
d'être délivrés, ont à venger leurs souffrances :
ils excitent au carnage, et les combattants ne

(1) Entre Ernée et Fougères, La Rochejaquelein aperçoit, en
tête de l'armée, un drapeau aux armes de la maison de la Tré-
moïlle ; il va aussitôt trouver Talmond : « Prince, lui dit-il, nous
ne connaissons que les fleurs de lys. » et il donne ordre de
retirer le drapeau.

font aucun quartier. Après le combat, les généraux, toujours humains, mettent en liberté huit
cents prisonniers.

Lescure mourut pendant le trajet d'Ernée à
Fougères. Héroïque jusqu'au dernier moment,
il ne cessa d'exhorter les siens que pour consoler
sa jeune femme, recevoir les sacrements et faire
généreusement le sacrifice de sa vie. Mme de Lescure, accablée de souffrances, de fatigue et de
douleur, manqua mourir la nuit suivante. Son
affreux chagrin fut partagé par tous: « MM. de
La Rochejaquelein, de Baugé, des Essarts et
le chevalier de Beauvollier entrèrent dans ma
chambre ; ils pleuraient amèrement et s'assirent
loin de moi en silence ; au bout d'un quart
d'heure, Henri vint m'embrasser ; je lui dis :
« Vous avez perdu votre meilleur ami, vous
étiez ce qu'il avait de plus cher au monde après
moi ». Il me répondit avec un accent de douleur
que je n'oublierai jamais : « Ma vie peut-elle vous
le rendre ? prenez-là » (1).

(1) Marquise de La Rochejaquelein, p. 304.

CHAPITRE XI.

Les Vendéens restèrent quatre jours à Fougères. Plusieurs mesures d'ordre y furent
prises ; il fut décidé, en particulier, que les
officiers porteraient des marques distinctives,
permettant aux soldats de reconnaître leurs
chefs. Les généraux prirent la grande écharpe
blanche, avec nœud de couleur ; Henri choisit le
nœud noir. Les officiers mirent à leur bras
l'écharpe blanche.

Cette mesure, qui n'était pas sans utilité, vu
le désordre des bataillons, et les nouvelles
recrues de paysans bretons, ne plût pas aux
officiers subalternes ; plusieurs même s'en offen-
sèrent, l'attribuant à la vanité de certains
généraux. C'était un nouveau sujet de discussion, et certes, ils ne manquaient pas par
avance. L'abbé Bernier, ambitieux et dominant,
voyant avec dépit les généraux ne pas s'inspirer

de ses conseils, s'était formé un petit cercle d'officiers dociles, qu'il mettait en avant, pour entraver l'exécution des décisions prises en dehors de lui. D'ailleurs, le plan de campagne était un sujet de discussion toujours renaissant. Chacun défendait avec aigreur son opinion, sans vouloir se rendre aux avis que, bien souvent, La Rochejaquelein et Stofflet essayaient d'émettre en faveur de la raison.

De Fougères, La Rochejaquelein aurait désiré marcher directement sur Rennes. Les dissentiments firent perdre un temps précieux, et deux émissaires de l'Angleterre étant arrivés, il n'y fallu plus songer. Le roi Georges écrivait une lettre très flatteuse et promettait son aide. Les ministres Pitt et Dundas parlaient aussi de secours, et engageaient les Vendéens à prendre Granville. Obenheim (1) assura de nouveau que la place était prenable, et la marche sur Granville fut décidée, contre l'avis

(1) Obenheim, après la défaite du Mans, rentra dans l'armée républicaine avec un grade supérieur. Il fut fortement soupçonné de trahison. Marquise de La Rochejaquelein, p. 300.

de La Rochejaquelein (1), et malgré une lettre
de M. du Dresnay, affirmant le mauvais vouloir
des Anglais pour les émigrés, et par suite, pour
les Vendéens.

La Rochejaquelein et Stofflet durent se ré-
signer à abandonner, au moins pour le moment,
leur projet d'entrer en Bretagne ; l'autorité
absolue était impossible à exercer, et tous deux
ne pouvaient que diriger les mouvements qui
leur étaient imposés. Le plus cher désir des
généraux comme des soldats, était de voir, à la
tête de l'armée, un prince du sang, ou un maréchal de France désigné par le comte de
Provence. Ce vœu avait été déjà émis dans les
lettres à l'Angleterre et dans la lettre écrite au
prince lui-même (2). On le formula plus nette-
ment encore, en répondant aux dernières dépêches ; on demanda en même temps de l'argent,
à titre de prêt, et l'envoi immédiat des émigrés

(1) Bourniseaux, t. II, p. 160.

(2) « Si elle (l'Angleterre) eût voulu rétablir la royauté en
France, c'est-à-dire, lui rendre une existence stable et glorieuse,
elle eût envoyé un prince aux Vendéens. » *Mémoires pour
servir à l'Histoire de France*, dictés, à Sainte-Hélène, par
Napoléon au général Montholon. Paris 1823, t. VI, p. 300.

rassemblés à Jersey. Ces désirs ne furent jamais réalisés : l'Angleterre promit beaucoup, mais ne donna rien ; les princes mal conseillés, ne répondirent pas au chaleureux appel des Vendéens ; peut-être ne comprirent-ils pas tout ce qu'on pouvait attendre de ce peuple héroïque ?

Les Républicains, instruits par trahison de la marche des Vendéens, préparaient avec la plus grande activité leurs moyens de défense. Des vaisseaux reçurent l'ordre de stationner entre Saint-Malo et Granville ; des armées nouvelles se formèrent en Bretagne et en Normandie ; Granville et les ports voisins furent fortifiés avec le plus grand soin.

Le 9 novembre, l'armée vendéenne quitte Fougères, se dirigeant sur Dol. Elle fait peine à voir : les vivres, les vêtements lui manquent ; la misère est affreuse ; le froid et la pluie ajoutent encore à ses souffrances. Le désespoir s'empare des malheureux, et ils demandent à grands cris qu'on les ramène en Vendée. Beaucoup refusent d'obéir à leurs chefs ; La Roche-jaquelein et Stofflet conservent seuls leur influence. Henri se multiplie pour remonter les courages ; il parle des victoires passées, des espérances que l'on doit concevoir de cette marche sur Granville ; il montre enfin l'absolue nécessité pour tous de rester unis, quoi qu'il arrive. Malgré tout, de sourds murmures se font entendre ; l'idée, que, quelques-uns de leurs chefs les ont amenés sur la côte pour les y abandonner et passer en Angleterre, s'empare d'eux, ils sont inquiets et agités. La Rochejaquelein jure de ne les jamais quitter, Stofflet en fait autant. Ils restent néanmoins craintifs et défiants ; la misère et les privations les ont affolés. L'arrivée de nombreux Bretons augmente les regrets de Henri, en lui montrant ce qu'on aurait pu attendre d'une marche sur la Bretagne.

A ce moment, une bande d'habitants du pays, auxquels s'étaient joints les exaltés de l'armée vendéenne, imaginait de prendre un crêpe, en signe de ralliement, et de s'ériger en bataillon vengeur. Prenant les devants, les malheureux se mettent à massacrer et à brûler tout sur leur passage. A Dol, La Rochejaquelein apprend ce pacte de mort. Il fait aussitôt arrêter les plus coupables et donne ordre de les fusiller : il ne veut pas que son armée se souille par la vengeance (1).

Le 10 novembre, Pontorson est occupé ; le 11, Henri, laissant Lyrot avec un fort détachement pour garder cette ville, se dirige sur Avranches. Quelques troupes, réunies à la hâte, tentent de résister. Les Vendéens les mettent bientôt en fuite, entrent dans la ville, et vont au mont Saint-Michel délivrer les prêtres captifs. Après un jour de repos à Avranches, la marche sur Granville est décidée. La Rochejaquelein laisse une partie de l'armée à Avranches pour y protéger les femmes et les enfants, prend avec lui trente mille des plus braves (2), se met en route le 14 novembre, et franchit rapidement les six lieues qui séparent Avranches de Granville.

Le général Peyre, avec une partie de la garnison, s'avance au devant de lui. L'avant-garde vendéenne, sous la conduite de Forestier, repousse les Républicains vers la ville, et, dans l'ardeur de la poursuite, parvient jusqu'au fau-

(1) Crétineau-Joly, t. I, p. 360. Deniau, t. III, p. 204.

(2) Marquise de La Rochejaquelein, p. 312. Bourniseaux, t. II, p. 139. Théodore Muret, *Vie populaire,* p. 31.

bourg. Là, les Vendéens sont contraints de s'arrêter : Granville est fortifié ; ses murailles sont couvertes d'artillerie ; les canonnières envoyées de Saint-Malo, balaient les quais ; il est impossible de s'approcher des remparts. La position est presque imprenable même pour une armée outillée pour l'assaut, et les Vendéens n'ont pas une pièce de siège, à peine quelques échelles ! Malgré cela, ils ne se découragent pas. Ils ont emporté le faubourg Saint-Nicolas ; ils s'y installent, montent sur les toits et fusillent sans relâche les artilleurs des remparts (1).

Mais bientôt La Rochejaquelein et les autres généraux font suspendre le feu : ils veulent faire connaître au général commandant et au peuple de Granville, leurs intentions bienveillantes. Ces proclamations, faites au nom de Louis XVII, et promettant les meilleurs traitements aux habitants, s'ils se rendaient, ne produisirent aucun effet ; on ne daigna même pas y répondre (2).

(1) Théodore Muret. *Vie populaire*, p. 35.

(2) Voir ces proclamations dans Beauchamp, t. II, pièces justificatives, n° 2, p. 352.

L'inutilité de cette démarche pacifique décide les généraux à ordonner l'assaut. « La Rochejaquelein met pied à terre, et brandissant son sabre encourage ses intrépides volontaires à se jeter dans les fossés de la place. Il est impassible au milieu de la mitraille qui pleut sur lui » (1). Les échelles sont insuffisantes. Quelques-uns trouvent moyen de s'en passer, et s'aidant de leurs baïonnettes, arrivent au sommet des murailles (2); mais ils ne peuvent s'y maintenir, et il leur faut bientôt renoncer à leur téméraire tentative; ils rentrent dans les maisons et recommencent le feu. Le général Vachot, irrité de voir les Vendéens à l'abri de ses coups, dirige une sortie, et parvient à mettre le feu au faubourg. La flamme brûle les Vendéens, la fumée les aveugle, et ils sont forcés de se retirer.

(1) Deniau, t. III, p. 216. D'après le témoignage de Louis Brard.

(2) « Leur acharnement (des Vendéens) ne pouvait être comparé qu'à la vigueur de la résistance : les uns filaient sous les remparts, les autres s'approchaient des palissades : ailleurs ils grimpaient sur le roc, tandis que des tirailleurs les soutenaient par leur feu, et que leurs batteries voulaient occuper les nôtres... » Lettre de Lecarpentier, Granville, 26 brumaire, *Moniteur* du 21 novembre 1793.

Le vent, qui donne de terre, pousse les flammes vers la ville, et les maisons prennent feu. M. de Marigny fait tirer à boulets rouges, et l'incendie se propage. La nuit qui arrive rend le spectacle plus saisissant encore : d'un côté, les flammes se reflètent dans la mer, qui paraît embrasée ; de l'autre, elles éclairent l'armée vendéenne, qui là, sous les armes, attend l'instant propice pour recommencer l'attaque.

Au dire de Bourniseaux (1) La Rochejaquelein ne permit pas de tirer à boulets rouges sur Granville. « Général, vient lui dire Stofflet, l'incendie gagne la ville ; faites tirer sur elle à boulets rouges, dans huit heures nous en serons maîtres ». — « Laissons, Monsieur, lui répond Henri, cette indigne ressource aux lâches qui ont fait de notre pays un monceau de cendres et de ruines : notre unique ressource est dans nos épées ; retournons au combat ». L'assaut est de nouveau tenté, cette fois-ci du côté de la grève, que la mer vient de laisser à sec. Les Vendéens montent de rocher en rocher, ils vont s'élancer

(1) T. II, p. 163.

contre les murailles, quand un déserteur, venu
récemment, s'écrie : « Sauve qui peut, nous
sommes trahis! » (1). Allard, l'aide-de-camp de
La Rochejaquelein, lui brûle la cervelle aussitôt;
mais il est trop tard : le cri a été entendu, répété,
les plus braves hésitent, et les autres reculent.
Forestier veut arrêter le mouvement et se jette
en avant; Henri parcourt les rangs, encourageant, dirigeant, entraînant. Mais les paysans,
à la lueur de l'incendie, ont aperçu les batteries
formidables des remparts, et tous les efforts sont
inutiles. Ce n'est, cependant, qu'après trente-six
heures de combat, que La Rochejaquelein consent
enfin à abandonner Granville ; il est revenu
plusieurs fois à la charge, toujours sans succès.
En se retirant, il veut essayer d'attirer dans la
plaine les défenseurs de Granville, et feint une
fuite précipitée. Mais le stratagème est deviné,
et personne ne sort de la place.

Il voudrait alors former un camp retranché (2)

(1) Bourniseaux, t. II, p. 164. Crétineau-Joly, t. I, p. 361.

(2) Si l'état de l'armée vendéenne avait permis à La Rochejaquelein de rester sous les murs de Granville, peut-être aurait-il
pu s'emparer assez facilement de la place : « Granville 25 Bru-

et attendre, à portée de Granville, le secours promis par les Anglais. Les paysans, indisciplinés et indépendants s'y opposent, et ne pouvant se faire obéir, Henri est contraint de retourner à Avranches (1). Cet échec, causé par la trahison (2), ou tout au moins la lenteur des Anglais, qui, après avoir promis de se montrer à Granville, n'ont pas donné signe de vie, achève de décourager les Vendéens. Tout espoir de secours est perdu, et la position semble désespérée. L'abattement est général : toute l'armée gémit, les femmes pleurent, les hommes supplient qu'on les ramène en Vendée.

maire. Le Carpentier, représentant du peuple dans le département de la Manche, transmet au Comité de Salut Public les détails du siège de Granville par les Brigands. Depuis 24 heures le feu continue de part et d'autre avec une opiniâtreté sans exemple. La situation est d'autant plus critique que les munitions et subsistances s'épuisent, dans leurs postes nombreux, et par une garnison composée, en partie, de contingents dont tous les bras ne sont pas encore armés et allaient évacuer la ville au moment où l'ennemi s'est avancé. Il a dépêché des avisos tant à Saint-Malo qu'à Coutances. pour demander des canonnières, munitions, armes, etc. Mais la mer n'est pas sûre et fait qu'il ne peut pas absolument compter sur ce secours... » Arch. nat. AF II, 268.

(1) Demau, t. II, p. 226.

(2) Comment la flotte anglaise laissa-t-elle passer les canonnières envoyées de Saint-Malo ?

Les généraux pensent encore, néanmoins, à envahir la Normandie, et, après un repos de vingt-quatre heures, La Rochejaquelein s'avance jusqu'à Villedieu, avec un petit détachement (1). Les femmes, restées les dernières dans la ville, jettent des pierres et refusent de se rendre. La Rochejaquelein leur promet vainement les meilleures conditions; elles ne cèdent qu'après le premier coup de canon. Le pillage des maisons est permis, mais les personnes sont partout respectées (2).

A ce moment, Henri est prévenu que les Vendéens restés à Avranches, refusent de le suivre et sont en pleine sédition. Il retourne aussitôt sur ses pas, et fait les plus grands efforts pour calmer cette multitude, qu'un incident vient encore de surexciter. Quelques officiers sont accusés d'avoir voulu abandonner l'armée et fuir en Angleterre : Talmond, Beauvollier, l'abbé Bernier ont accompagné, jusqu'à la mer, deux

(1) Il n'y eut à suivre Henri que l'état-major et huit cents hommes d'élite. — Deniau, t. III, p. 228. Témoignage de Louis Brard.

(2) Marquise de La Rochejaquelein, p. 316.

dames qui voulaient s'embarquer ; Stofflet a été prévenu, a cru trop vite le bruit populaire, et a ordonné la poursuite (1). L'affaire, quoique fausse, fit un effet déplorable ; Henri presque seul conserva son prestige. Il fallut renoncer à marcher sur la Normandie et se décider pour le retour immédiat en Vendée.

Le 18 novembre, l'avant-garde se dirige sur Pontorson, où elle entre dans la soirée, après quatre heures de combat contre le général Tribout (2). L'obscurité empêche de relever les morts, dont les rues de la ville sont jonchées, et les voitures n'avancent qu'en broyant les corps sur leur passage : « .... il était nuit, ajoute la marquise de La Rochejaquelein, nous sentions les secousses, et les roues cassaient

(1) La marquise de La Rochejaquelein dit qu'elle ne doute nullement de la vérité du fait, ni de l'honneur de ces officiers, p. 318.

(2) « Tout ce que je sais et que j'ai pu savoir, c'est qu'après un combat de trois heures, où l'on en est venu à l'arme blanche, nos gens ont été obligés de céder en laissant peut-être 2,000 hommes, peut-être davantage, sur le champ de bataille, ainsi que je ne sais combien de pièces d'artillerie. » Rouyer au ministre de la guerre, Antrain, le 20 novembre. Dépôt de la guerre, Wallon, p. 466.

les os de ces cadavres. Ce bruit horrible ne me sortira jamais de la tête » (1).

Si les généraux de la République ne pouvaient vaincre les combattants, les représentants en mission et certains généraux savaient prendre et passer par les armes les fugitifs désarmés. Depuis Avranches, huit cents femmes, enfants, vieillards, blessés, sont tombés entre leurs mains ; le conventionnel Laplanche (2) et le général Sépher les font traîner sur la côte de Champ-Jonc et fusiller impitoyablement. Les fossoyeurs trouvent une femme encore vivante, quoique grièvement blessée en plusieurs endroits ; ils la conduisent à Laplanche : « Crie, Vive la République, je te donnerai la vie », lui dit le représentant. — « Jamais ! qu'on m'achève plutôt ! » répond la courageuse vendéenne. Les baïonnettes se croisent sur sa poitrine, elle reste impassible. Les prières n'ont pas plus de succès ;

(1) Mémoires, p. 317.

(2) « Paris, Brumaire, les représentants du peuple, membres du Comité de S. P., au citoyen Laplanche, etc. « ... Tu es instruit des mesures vastes et exterminatrices prises par le Comité contre les Brigands : continue de leur présenter *ton énergie.* »
Arch. nat. A F II, 268.

elle se contente, pour toute réponse, de lever les yeux au ciel. Dominé par ce grand courage, le farouche républicain n'ose donner l'ordre de mort. « Qu'on la jette à l'hôpital et qu'on la soigne », dit-il, et la pauvre femme est sauvée (1).

Les Vendéens passèrent un jour à Pontorson. Ils y apprirent l'affreux massacre et fusillèrent, par représailles, quelques prisonniers. Pendant ce jour de repos, Henri alla voir Mme de Lescure, et la trouva tenant sur ses genoux un écureuil apprivoisé : « Sitôt que je lui fis remarquer cette petite bête, il devint pâle et me dit qu'il pouvait bien convenir de l'horreur involontaire que lui faisaient les écureuils ; il en riait lui-même, mais cependant, pour se résoudre à lui passer la main sur le dos, il prit tant sur lui-même qu'il en était tremblant. Henri pourtant était connu pour le plus brave des hommes ; aussi avoua-t-il très simplement l'effet qu'il éprouvait, sans embarras comme sans jactance, car il avait autant de modestie et de simplicité que de courage » (2).

(1) Grille, t. III, p. 54. Cette vendéenne devint dans la suite sœur hospitalière. Id.

(2) Marquise de La Rochejaquelein, p. 320.

CHAPITRE XII.

DOL. — TRANS. — ANTRAIN.

Les armées républicaines, fortes de quarante
mille hommes (1), menacent de toute part ; il faut
avancer au plus vite, sous peine d'être enveloppé.
Un seul passage reste libre ; La Rochejaquelein
se hâte d'en profiter et prend la route de Dol (2).
Westermann se lance à sa poursuite et rêve un
coup de main, dans le genre de celui de Châtillon. Les Vendéens, harassés de fatigue et
mourant de faim (car la misère est au comble, et
aucune nourriture n'a été trouvée dans Dol), ont,
en effet, cherché quelques instants de repos.
Heureusement des hommes dévoués ont veillé,
et l'alerte est donnée à temps. Tous alors se
lèvent impétueusement, et sous la conduite de
La Rochejaquelein et de Forestier, repoussent

(1) Bourniseaux, t. II, p. 170.

(1) M. de Colbert raconte qu'en quittant Pontorson, le 20
novembre, Henri voulut lui-même aller à la découverte, et que,
se trouvant presque seul, il fut enveloppé par un peloton ennemi
et eut beaucoup de peine à se dégager. Deniau, t. III, p. 251.

l'ennemi. Ce n'est que le prélude d'une bataille plus décisive ; Henri le sent, et prend ses dispositions en conséquence.

Dol n'a qu'une rue très large, située au sommet d'un angle aigu formé par les routes d'Antrain et de Pontorson. Kléber et Marceau veulent entourer les Vendéens, les bloquer, et faire de cette ville leur tombeau ; mais Westermann n'est pas de cet avis, il veut au contraire se jeter immédiatement sur eux. Ce plan inconsidéré est accepté, et Westermann, l'ennemi acharné des paysans, les sauve encore une fois par son empressement à vouloir les détruire.

Vers minuit (1), Forestier, qui a continué pendant quelque temps la poursuite contre l'avant-garde de Westermann, revient annoncer que l'armée ennemie avance, profitant de l'obscurité. La Rochejaquelein met aussitôt à exécution le plan qu'il a conçu. Il fait ranger le long des maisons, les femmes, les vieillards, les blessés, tous ceux qui ne peuvent combattre, il fait mettre au milieu de la grande rue les munitions, les

(1) 20 novembre 1793.

bagages, et place la cavalerie en file, entre les femmes et les munitions, de façon à ce que, libre de ses mouvements, elle puisse se porter vers l'endroit menacé. Ces dispositions prises dans la ville, il range au dehors ses soldats en masse serrée, ne leur donnant que trois cents toises de front (1) : il ne faut pas que dans l'obscurité, ils puissent s'entretuer. Quand tout est prêt, il fait battre la charge, excite les paysans, leur représente que la défaite c'est la mort pour tous, et qu'une victoire éclatante est leur seul espoir.

A peine les derniers arrangements sont-ils pris que Westermann arrive, criant : « Mort aux Brigands ! » On lui répond par « Vive le Roi ! », et le combat commence. Westermann ne peut résister au choc ; il plie. Forestier appelle la cavalerie qui se précipite sur la division à moitié vaincue, et l'enfonce complètement. Mais Marceau paraît sur la route d'Antrain ; il faut diviser ses forces. Stofflet s'élance au devant de lui et lutte trois heures avec grand courage.

(1) Bourniseaux, t. II, p. 172.

Au bout de ce temps les paysans faiblissent ; heureusement, Muller, qui arrive pour soutenir Marceau, est ivre, ainsi que ses officiers, et jette un peu de désordre parmi les Républicains ; les Vendéens en profitent et reprennent le dessus. Kléber conseille alors à Marceau un mouvement rétrograde, et ordre est envoyé à Westermann de ne plus attaquer. Une suspension d'armes de deux heures s'en suit.

La Rochejaquelein reforme son armée et en fait deux colonnes, qu'il place sur les routes d'Antrain et de Pontorson. Lui-même attaque Westermann et Bouin de Marigny sur cette dernière route, et les repousse complètement. Le républicain Marigny, par son intrépidité, empêche seul l'anéantissement de ses troupes. La victoire étant complète de ce côté, La Rochejaquelein se porte au secours de Stofflet, auquel Marceau et Kléber ne laissent pas un instant de répit. Malheureusement, un brouillard épais s'est levé des étangs voisins, et empêche les soldats du centre de voir clairement les mouvements des ailes. Ils s'aperçoivent néanmoins de la marche du renfort envoyé à Stofflet.

s'imaginent que c'est une fuite, perdent la tête
et se sauvent vers la ville, en proie à une panique sans cause réelle, mais que rien ne peut
arrêter (1). Bernard de Marigny fait des prodiges
de valeur pour arrêter les fuyards. Les femmes
se lèvent à sa voix, encouragent les hommes et
les poussent au combat. Les officiers se multi-
plient de tous côtés. Un jeune homme de seize
ans, Duchesne de Denant, aide-de-camp de
Talmond, arrêté près d'un pont, empêche de
passer, et tour à tour menaçant et encourageant,
parvient à renvoyer au combat quelques-uns des
malheureux affolés. Mme de Lescure passe près
de lui en paysanne; il ne la reconnaît pas et la
retient, en s'écriant: « Que les femmes s'arrêtent aussi, qu'elles empêchent les hommes de
fuir ». « J'obéis aussitôt et lui promis de rester
auprès de lui, ce que je fis trois quarts d'heure.
Pendant tout ce temps, il ne cessait de rallier

(1) Deniau, t. III, p. 256, dit que Henri manquant de poudre,
en avait envoyé chercher au galop, et que le bruit des cavaliers,
retournant en arrière, avait causé la panique. Il ajoute que Henri,
voyant Stofflet à la poursuite des fuyards, crut que lui aussi
fuyait et s'écria : « Arrêtez, Stofflet, arrêtez, vous mettez la
déroute. » — « Non, répondit Stofflet, je rallie les fuyards. »

les soldats, il les exhortait, les menaçait, les
battait à coup de plat de sabre ; il faisait tout ce
qui dépendait de lui avec une ardeur incroyable » (1).

Si à Dol on croyait tout perdu, il n'en était
rien, fort heureusement. Talmond et La Rochejaquelein soutenaient toujours le combat, et le
brouillard, qui avait été si funeste, devenait
maintenant un auxiliaire, en cachant aux Républicains la confusion qui régnait au centre des
Vendéens. Cette terreur sans nom qui s'était
emparée des soldats et avait gagné la ville, était
sans cesse augmentée par de faux rapports et
par des nouvelles erronées. Le bruit de la mort
de La Rochejaquelein courut, ainsi que celui de
la défaite de ses soldats, et acheva de jeter
le désespoir dans tous les cœurs.

Henri, apprenant la double erreur des Vendéens sur son compte, accourt, conjure, menace ;
à sa voix même, le désordre ne cesse pas. Il est
au désespoir et veut mourir, il s'expose les bras
croisés au feu d'une batterie ; il essuie la

(1) Marquise de La Rochejaquelein, p. 328.

décharge : « La mort ne veut pas de moi ! » (1),
dit-il, et se précipitant vers l'aile droite, où le
combat lui semble plus vif, il va rejoindre
Talmond, qui soutient toujours avec un courage
invincible l'effort des troupes républicaines.

Les encouragements des officiers, des femmes
et des prêtres arrêtent enfin les fuyards. Quelques volontaires s'écrient : « Abandonnerons-nous ici notre général ? » La foule répond avec
une nouvelle ardeur : « Non, non, vive le roi,
vive M. Henri » (1). Le branle est donné, la
panique arrêtée ; un mouvement impétueux se
produit ; tous s'élancent au combat. La Roche-jaquelein fait donner armes et munitions à ceux
qui reviennent, et le combat devient acharné.
Les Républicains sont repoussés ; Marceau forme
un bataillon des meilleurs soldats et protège la
retraite sur les bois de Trans.

Les Vendéens rentrent dans Dol. La joie est
générale, on s'embrasse, on se félicite ; c'est le
salut pour tous. Les femmes, les officiers, les
prêtres, qui ont arrêté la panique, sont fêtés et

(1) Crétineau-Joly, t. I, p. 383. Deniau, t. III, p. 263.

complimentés. La Rochejaquelein proclame Talmond le sauveur de la journée; c'est avec justice, car il a soutenu pendant de longues heures, avec neuf cents hommes, le choc de l'armée républicaine. Mais Henri, malgré sa modestie, est acclamé aussi (1), on sait ce qu'il a fait; c'est lui qui a tout préparé, tout dirigé. « La joie que nous ressentions en voyant paraître M. de La Rochejaquelein, dit Mme de Candé, ne peut être comparée qu'à la douleur que nous avait causée l'idée de sa perte » (2).

La nuit se passe tranquillement, et l'armée peut se reposer de ses fatigues. Le 22, dès dix heures du matin, les Républicains, qui ont appris le désordre de la veille, se préparent à

(1) « Le chef des Brigands surpasse Xénophon : la retraite des Dix-Mille n'est que la moitié de l'entreprise de ce scélérat-là. Xénophon se trouva très heureux de ramener en Grèce ses dix milles camarades; mais le chef des scélérats trouve encore le moyen, après avoir été battu à Granville, de faire une seconde retraite vers le pays d'où il est venu, ayant tantôt en front et tantôt en queue une armée deux fois plus nombreuse que la sienne. » (Leclerc Saint-Pré ou Sempré, agent du ministre des affaires étrangères. Saint-Malo, le 26 novembre. Arch. du ministère des affaires étrangères, Wallon, t. 1, p. 464 (appendices).

(2) Mémoires inédits, cités par Deniau, t. III, p. 266.

revenir sur Dol, espérant y trouver les paysans
démoralisés. Ceux-ci, au contraire, électrisés par
leur succès de la veille, ont résolu d'en finir
avec l'armée républicaine ; ils sortent de la
ville et rejoignent Kléber et son avant-garde, à
peu de distance de Trans. Le combat commence
aussitôt. Les Républicains plient, malgré les
efforts de Kléber ; les bataillons de Mayence,
qu'il envoie chercher, se battent avec ardeur ;
l'acharnement devient le même des deux côtés.
Westermann paraît sur la gauche ; La Rochejaquelein divise ses hommes, en laisse le plus
grand nombre à Stofflet, se porte avec le reste
au devant de Westermann, et le culbute (1).
Voyant ensuite le combat se prolonger du côté
de Stofflet, Henri prend la cavalerie et charge
les Mayençais. Dans l'ardeur de l'attaque, il
s'avance imprudemment et est bientôt enveloppé
par les ennemis ; son cheval est blessé, il court
le plus grand danger, mais ne semble pas s'en
apercevoir. Avec un sang-froid imperturbable,

(1) Westermann fut un instant prisonnier, un retour des siens
le délivra malheureusement presque aussitôt. Deniau, t. III,
p. 270.

14

il continue à se battre, se débarrasse du Bleu le plus rapproché, s'échappe, délivre la Roche-Saint-André, blessé à mort, et quelques autres officiers cernés comme lui, rejoint les siens, les ramène au combat et reprend l'avantage.

Des canons, habilement placés, jettent la confusion et la mort dans les rangs républicains, la victoire semble assurée; mais la bataille a été longue, les paysans sont fatigués; une certaine hésitation se manifeste : « Eh quoi! mes amis, s'écrie Henri, abandonnerons-nous une victoire déjà gagnée deux fois? » (1). Les Vendéens entraînés font un dernier effort, refoulent les Républicains et les poursuivent jusqu'à deux lieues de Dol. Pendant cette retraite, Chambertin combat vaillamment avec les Bleus qu'il a pu rallier. De Hargues est fait prisonnier, et les efforts de La Rochejaquelein ne peuvent le sauver (2).

Entendant toujours gronder le canon du côté de Stofflet, Henri s'arrête : « Camarades, cric-

(1) Bourniseaux, t. II, p. 182. Deniau, t. III, p. 271.

(2) De Hargues, conduit à Rennes, y mourut avec un grand courage, en criant : « Vive le Roi. »

t-il à ceux qui l'entourent, suivez-moi, mais deux mille hommes seulement; que les autres restent au port-d'arme sur les lieux, pour parer à toute éventualité » (1). Ces deux mille braves reviennent sur le champ de bataille. Kléber et Marceau font un nouvel effort; ils lancent leurs grenadiers; la mêlée est terrible. Henri n'est arrêté par rien; il avance toujours, fait placer deux canons qui empêchent les Républicains de se reformer, les aborde à l'arme blanche et les force enfin à abandonner le champ de bataille, après quinze heures de combat. La victoire est complète sur tous les points; mais La Roche-jaquelein veut achever de détruire cette armée redoutable, et il ordonne la poursuite vers Antrain. Depuis deux jours, les Vendéens ont à peine mangé; leur courage supplée à tout et ils se mettent vaillamment en marche. Stofflet, avec quelques hommes, pénètre sans bruit dans Antrain. Les Bleus fatigués ne songent qu'à s'y reposer; bientôt le gros de l'armée arrive et commence le feu. Pris de tous les côtés, les Républicains ont à peine le temps de saisir leurs

(1) Deniau, t. III, p. 271, d'après le témoignage de Louis Brard.

armes ; quelques-uns se défendent, mais tous sont bientôt obligés de quitter la ville, entraînant avec eux leurs généraux (1).

Les Vendéens vainqueurs parcourent la ville, passant au fil de l'épée tous ceux qu'ils trouvent les armes à la main. Henri, qui blâme toujours les exécutions, parvient, avec l'aide de Donnissan, à sauver la vie à cent cinquante réquisitionnaires que le conseil veut faire fusiller, en punition des meurtres qu'ils ont commis (2).

Ces soldats furent renvoyés à Rennes, et chargés de porter au district un billet ainsi conçu : « C'est par des actes d'humanité, que l'armée royale se venge des cruautés commises par ses ennemis. » Le jour où les représentants,

(1) « Rennes, 3 frimaire, Pocholle, représentant du peuple, invite le Comité de S. P. à ne pas se hâter de rendre publiques les nouvelles qu'il lui a annoncées hier..... L'ennemi a occupé la porte d'Antrain, et nos troupes ne sont pas encore ralliées. » Arch. nat. A F II, 268.

(2) Les Vendéens avaient certes bien des représailles à exercer : Notre armée de Fougères a donné aux traînards et aux malades de l'armée brigantine *des passeports pour aller au diable.* » Administrateurs de l'Orne, au district de Fresnoy. Henri Chardon, *les Vendéens dans la Sarthe,* t. I. p. 175. Grille. t. III. p. 46.

en mission à Rennes, recevaient ce billet, de Hargues montait sur l'échafaud ! (1).

Cette bataille, ou plutôt ces trois batailles consécutives durèrent soixante heures : dix à douze mille Républicains y périrent (2) ; les Vendéens perdirent environ neuf cents hommes (3). Ce fut leur dernière grande victoire, et malheureusement elle ne devait pas être profitable. Il aurait fallu pénétrer immédiatement en Bretagne ; mais les paysans désolés d'être loin de la Vendée, ne voulurent pas écouter leurs chefs, et s'obstinèrent à retourner directement dans leur pays. La Rochejaquelein, en particulier, aurait voulu marcher sur Rennes, et de là revenir en Vendée par Redon, Savenay et Nantes. Son plan ne fut accepté ni par le conseil, ni par les soldats, et il lui fallut re-

(1) Crétineau-Joly, t. I, p. 388.

(2) « Le petit avantage de Dol a été bientôt suivi d'une défaite dont je n'ose consigner ici les effrayants détails : cette journée fut une des plus désastreuses ; elle releva l'audace des Brigands et grossit leur phalange de tous les ennemis secrets qui jusqu'alors n'avaient osé se montrer. » Rapport de Philippeaux au Comité de S. P., p. 19. Arch. nat. A F ıı, 204.

(3) Bourniseaux, t. II, p. 183.

noncer encore à ses propres idées, pour suivre celles de gens incapables.

La marche sur Angers résolue, on fit venir de Dol, les femmes, les enfants, les blessés, et le 24, on s'avança vers Fougères qui fut occupé sans combat. Le lendemain, l'armée se rendit à Ernée, puis à Mayenne et à Laval. Elle prenait donc, au retour, la route qu'elle avait suivie quelques jours auparavant, lors de la marche sur Granville. Elle ne trouvait aucune opposition, les armées républicaines étant trop occupées à se reformer; mais elle voyait, à chaque pas, les tristes preuves de la cruauté de ses ennemis. Le général Rossignol (1) avait écrit, le 11 novembre, au Comité de Salut public: « Je fais tous mes efforts pour détruire tout ce qui attente à la liberté, mais il y a encore des *hommes humains*, et en révolution

(1) Il est assez curieux de voir le jugement que portaient les représentants du peuple, sur certains des généraux de la République. « Philippeaux, à ses collègues, 6 nivôse, an II. Rossignol est un dieu pour tous les animaux voraces qui ont fait de cette guerre une mine d'or pour eux et pour leurs amis. » Rapport de Barère à la Convention, p. 29, note 1. Archives nationales, ADVI, 57.

« Ordre des représentants Choudieu et Richard à Fontenay-le-

c'est un défaut, selon moi (1). » Suivant ces prin-
cipes, il avait travaillé, et des hommes dignes
de lui avaient secondé ses efforts. Les Vendéens
ne voyaient que maisons incendiées, que
cadavres sans sépulture, que dévastations de
toutes sortes : tous ceux qui les avaient accueillis,
tous ceux que les fatigues ou les blessures
avaient contraints de rester en arrière, avaient
été impitoyablement massacrés. « Considérant
qu'il importe au Salut public, avaient dit les
représentants en mission, dans leur arrêté du
1er frimaire an II (21 novembre 1793), que les
scélérats qui ont pris les armes contre la liberté
reçoivent promptement, quand ils sont saisis,
la peine due à leurs forfaits, et que tous les
contre-révolutionnaires, qui cherchent à fomenter
dans l'armée l'indiscipline pour parvenir à la
désorganiser et à la dissoudre, soient punis avec

Peuple), le 24 août 1793, pour mettre en arrestation Rossignol,
général en chef de l'armée des Côtes de La Rochelle, pour cons-
tatation que, dans la nuit du 21 au 22, lui et ceux qui l'accompa-
gnaient, ont volé une voiture et une vache dans la maison de
l'Épinay-Beaumont, où la municipalité les avait logés, qu'ils ont
également enfoncé des armoires et volé du linge et autres effets. »
Id. AF II, 267.

(1) Savary, t. II, p. 331.

la même célérité ». Suivent les arrêtés, parmi lesquels se trouve celui-ci, ouvrant la voie à l'arbitraire le plus terrible : « Art. 8. La déposition de deux témoins, où le procès-verbal d'une autorité constituée sur l'existence d'un délit, suffiront pour établir la conviction » (1). Devant de semblables mesures les plus braves frémissaient, et parmi les Vendéens, et parmi les populations des pays qu'ils traversaient.

La nourriture manquait depuis Dol. Chacun vivait de ce qu'il trouvait : pommes, cidre, mauvais pain, pommes de terre. Cette nourriture, presque toujours malsaine, la plupart du temps insuffisante, ne tarda pas à amener la dyssenterie. La misère devint effrayante ; la faim, le froid, la pluie, le manque de vêtements, la maladie, accablaient les malheureux Vendéens. Beaucoup mouraient, et un grand nombre se traînaient péniblement, portant avec eux le fatal germe d'une espèce de mal pestilentiel.

(1) Arrêté des représentants du peuple, délégués par la Convention nationale, près l'armée de l'Ouest, nommant une commission chargée de juger les rebelles, sous la présidence de Brutus Magnier. Arch. nat. AF II. 268.

De Laval, l'armée se rendit à Sablé, où elle entra sans résistance , les habitants s'étant enfuis. Quelques patriotes moins alertes furent pris, ils durent leur salut à une dame Cosnard, qui intercéda pour eux auprès de La Rochejaquelein (1). Le 2 décembre, l'armée, après avoir traversé la Flèche, arriva à quelques lieues d'Angers, poursuivie de près par les Républicains.

(1) « Les fuyards faits prisonniers durent leur salut, a dit M. Marc, aux prières de Mme Cosnard auprès de La Rochejaquelein » (Chardon, t. I, p. 203).

CHAPITRE XIII.

Le lendemain, 3 décembre, il fut décidé qu'on attaquerait Angers sans plus tarder. Cette ville avait été fortifiée en vue du retour des Vendéens : quatre mille soldats de ligne et plusieurs bataillons de gardes nationaux composaient la garnison, sous les ordres de Dannican et de Beaupuy (1). L'état de défense était excellent ; la population, surexcitée, ne songeait qu'à combattre, et Kléber et Marceau, sous la direction nominale de Rossignol, marchaient sur Angers et ne devaient pas tarder à y arriver.

Les Vendéens, malgré leur désorganisation et leur misère, étaient pleins d'espoir ; ils comptaient prendre Angers aussi facilement qu'au mois de juin. Mais, la première journée s'étant passée

(1) Crétineau-Joly, t. I, p. 398. Deniau, t. III, p. 304. Grille, t. III, p. 160 : « C'était sur un effectif de quatre mille hommes au plus qu'il fallait compter. Le surplus mangeait, criait, dépensait, embarrassait... » Bourniseaux, t. II, p. 190, dit qu'Angers était défendu par sept mille hommes de ligne et six mille gardes nationaux.

en essais infructueux, ils commencèrent à se
décourager, et, le 4 décembre, il fut impossible
de les déterminer à un assaut général. Stofflet,
espérant stimuler leur ardeur, promet le pillage ;
ils s'indignent au contraire, et s'écrient que
Dieu les punirait pour un pareil forfait. La Rochejaquelein les approuve : ce qu'il veut, lui, c'est,
par son exemple, entraîner les soldats au combat.
Il se précipite donc, en s'écriant : « Qu'est
devenue cette ardeur qui vous entraînait sur
les bords de la Loire ? Vous voici devant Angers ;
derrière est votre patrie » (1) !

Il se dépense en vain ; nul ne répond à son
appel. Désespéré, il se jette à bas de son cheval,
arrache le fusil des mains de l'un de ses soldats,
et monte à la brèche qui vient d'être faite près
la porte Saint-Michel (2). Quelques officiers le
suivent, mais c'est tout ; les paysans, affaiblis et

(1) Bourniseaux, t. II. p. 191.

(2) « La Rochejaquelein, jeune homme de 21 ans, est le généralissime de ces armées (armées des Rebelles de la Vendée) :
c'est l'homme le plus audacieux qu'il y ait parmi les Brigands »
Rapport sur l'état politique de la Vendée, fait au Comité de
Salut public par A. F. Momoro, le 22 du 1er mois, an II. Archives
nationales. bibliothèque administrative. AD VI 57.

anéantis par leurs récentes fatigues, n'osent le soutenir. Une circonstance heureuse se présente : on aperçoit une petite cavité dans les remparts. La Rochejaquelein et quelques autres essaient d'y creuser une mine; ils vont réussir, quand un factionnaire donne l'éveil. Une pluie de balles et de matières enflammées vient bientôt les forcer à abandonner leur travail (1). Ces tentatives malheureuses ne découragent pas les généraux; ils veulent tenter un assaut général : à tout prix il faut prendre Angers, le salut de l'armée en dépend.

La Rochejaquelein, Forestier, Piron et quelques autres se portent vers la porte Cupif. Plusieurs tombent dès les premiers pas; Henri et ceux qui restent n'en poursuivent pas moins l'attaque, et malgré les pierres jetées des remparts et le feu continu qui ne cesse d'éclaircir leurs rangs, ils vont peut-être réussir à pénétrer dans la ville, lorsque des décharges de mousqueterie, éclatant sur les derrières, viennent leur apprendre l'arrivée des armées républicaines.

(1) Grille, t. III, p. 192.

Les Vendéens, effrayés, quittent les murailles ;
ils se voient entre deux feux et perdent courage ;
il ne faut plus songer qu'à la retraite.

Richard-Duplessis se lance cependant, avec son
escadron, au-devant des hussards de Bouin de
Marigny. Son cheval, emporté, l'entraîne au
milieu des Républicains ; il tue le premier qu'il
trouve, et apercevant le général : « Je viens de
tremper mon bras dans le sang d'un Républicain,
lui dit-il, je suis demi-mort. Achève-moi. »
Marigny, touché d'un tel courage, donne à
Richard son mouchoir pour bander ses blessures
et lui dit : « Qui vous pousse donc à faire la
guerre ? » — « Notre propre défense, lui répond
Richard ; ne nous massacrez-vous pas sans
pitié ? » (1). Marigny est un soldat, et non un
bourreau : « Va-t-en libre à La Rochejaquelein,
et dis-lui que c'est ainsi que les Républicains
traitent ceux qui, au champ d'honneur, se conduisent aussi bien que toi » (2). Henri met
immédiatement en liberté deux cavaliers, les

(1) Crétineau-Joly, t. I, p. 100.
(2) Grille, t. III, p. 224.

charge de remercier leur général et de lui offrir, pour l'avenir, dix prisonniers contre un. Ce brave général républicain, « le seul qui parut vouloir agir loyalement contre nous, » dit la marquise de La Rochejaquelein (1), fut tué le jour même. Il était temps : son humanité avait attiré l'attention de la Convention ; sa destitution était prononcée, et à ce moment, la destitution conduisait à l'échafaud !

La Rochejaquelein, devant une position aussi critique, veut essayer de tourner Angers et de regagner la Vendée par un autre chemin. Il part lui-même, avec quelques cavaliers, dans la direction des Ponts-de-Cé, et envoie en avant des hommes déterminés, chargés de voir de près l'état du fleuve. L'impossibilité du passage lui est démontrée (2), il faut renoncer à ce dernier espoir et recommencer une marche sans but déterminé.

Le siège d'Angers a duré cinquante heures. Six cents Vendéens sont morts (3) ; beaucoup

(1) Mémoires, p, 341.
(2) Deniau, t. III, p. 325.
(3) Deniau, t. III, p. 327. Grille, t. III, p. 217, dit deux mille.

d'autres sont blessés et attendent, dans les maisons des faubourgs, la mort, que les vainqueurs ne manqueront pas de leur donner (1). La Rochejaquelein dirige la retraite sur Pellouailles et Suette. L'armée y passe la nuit du 4 au 5 décembre. Le matin, les généraux se réunissent, afin de décider la marche à suivre (2). Pendant la délibération, le gros de l'armée, sans ordre, et de son propre mouvement, se dirige sur Baugé, espérant y trouver des vivres et des ressources (3).

(1) « Il est de fait qu'eux-mêmes (les brigands) demandent qu'on fasse des prisonniers, au point que, malgré que nous fusillions tout ce qui tombe sous notre main, prisonniers, blessés, malades aux hôpitaux, ils nous ont renvoyé de nos malades que nous avions été forcés de laisser derrière nous ». Rouyer au ministre, Rennes, 29 novembre. Dépôt de la guerre, Wallon, p. 193.

(2) De vives contestations s'élevèrent dans le Conseil ; Talmond voulait marcher sur Paris, La Rochejaquelein tenait à revenir en Vendée. L'armée prit d'elle-même la route de Baugé. Quelques succès fortifièrent le parti de Talmond, et c'est ce qui décida (au dire de l'enquête citée par Chardon, t III. p. 110, la marche sur le Mans.

(3) Beauchamp, t. II, p. 76, dit, d'après un mémoire anonyme, que, pendant le siège d'Angers, il vint un émissaire de lord Moira annoncer que la flotte anglaise, arrivée trop tard, lors du siège de Granville, attendait maintenant les Vendéens sur la côte,

Les Républicains d'Angers, ivres de joie d'être débarrassés des Vendéens, célèbrent leur victoire dans le sang. Le 6 décembre, les conventionnels présents arrêtent que, « toutes les têtes des brigands tués pendant le combat des deux jours, seront coupées et disséquées dans les salles de la maison commune, pour être exposées ensuite au bout des piques » (1). Le nombre des médecins étant insuffisant, il fallut renoncer à mettre à exécution cet arrêté digne des sauvages. Mais « la guillotine, qu'on avait mise en vacances pendant le siège, reprit son cours et fonctionna de nouveau et de plus belle ! Pour aller plus vite, on fusilla au *port de l'Ancre,* qui faisait face à la rue du Canal, en vue de tout le monde, au dedans de la ville. Tout ce qu'on prit dans la journée du 5 décembre, petit ou grand, jeune ou vieux, homme ou femme, tout sans rémission y passa (2). »

Toujours d'après ce mémoire, La Rochejaquelein aurait alors proposé de marcher sur Cherbourg, et cet avis aurait été adopté par tous les officiers,

(1) Grille, t. III, p. 216. Crétineau-Joly, t. I, p. 402. Eugène Veuillot, p. 205. Deniau, t. III, p. 327.

(2) Grille, t. III, p. 214.

Le régime de la terreur établi à Angers, devait régner bien des mois et faire de nombreuses victimes. Pour étendre le cercle de leur *travail*, Esnue Lavallée et Levasseur formèrent une commission destinée à suivre les armées, à juger sommairement les prisonniers et à les envoyer à la mort; une guillotine, conduite par un attelage d'artillerie, lui fut adjointe, et les bourreaux, chargés d'exécuter les sentences, furent vus, dit Grille, buvant « dans des crânes chevelus ; et l'on vit des peaux d'hommes qu'on avait fait tanner pour qu'un tailleur de hussards, un méchant borgne, en pût faire des culottes » (1).

Pendant le siège d'Angers, la Bouère et Cathelineau (frère du généralissime), qui sont restés en Vendée, tentent une diversion sur la rive gauche, afin de secourir leurs frères. Ils mettent en fuite le général Desmares et s'avancent jusqu'au château du Plantis, près Saint-Laurent de la Plaine, d'où ils entendent le canon d'Angers. Anxieux, ils attendent, prêts à agir si leur intervention peut être de quelque

(1) T. III, p. 258.

utilité. Bientôt le bruit qui diminue , puis cesse, leur apprend le triste sort des Vendéens de la Grande Armée, et, désespérant de parvenir à quoi que ce soit pour le moment, ils dispersent leur troupe.

Cependant Marceau et Kléber , à peine arrivés à Angers, se lancent avec Westermann à la poursuite des Vendéens et les harcèlent sans relâche. Piron, qui commande l'arrière-garde , combat pendant trois heures entre Echemiré et Baugé et parvient à repousser l'ennemi (1). Le 5 et le 6, l'armée se repose à Baugé. La Rochejaquelein cherche à remonter les courages et à mettre un peu d'espoir dans les cœurs ; son calme inspire confiance et son énergie rassure. Mais ce qu'il voudrait surtout, c'est empêcher la désertion : les Vendéens , se sentant près de chez eux, s'imaginent pouvoir facilement regagner la Vendée ; plusieurs sont

(1) Au milieu de la bataille, Jacques David, entouré par l'ennemi, va succomber, lorsqu'un effort désespéré le débarrasse du hussard le plus proche. Se jetant alors sur le cheval du Bleu, il se lance du côté des Vendéens et parvient à les rejoindre. Henri a vu le combat, il félicite David de son courage, et lui offre six cents francs du cheval capturé. Deniau, t. III, p. 338.

partis, ils ont été pris et fusillés; il ne faut donc pas permettre une débandade funeste, et pour les individus, et pour l'armée tout entière.

Les mesures les plus sévères sont prises; elles n'empêchent pas, néanmoins, un grand nombre de désespérés d'aller se faire tuer, en détail, sur les rives de la Loire.

Le 7 décembre, l'armée se dirige sur la Flèche espérant y entrer sans coup férir, et y trouver des vivres et des ressources. Cet espoir est déçu : la ville est occupée par trois à quatre mille hommes (1); le pont sur le Loir est coupé; les Vendéens se trouvent en face d'un obstacle presque insurmontable. Pour comble de malheur, Westermann, avec sa cavalerie, attaque en queue; la position est des plus critiques. La Rochejaquelein donne ordre à l'arrière-garde de faire face à Westermann, et part lui-même, avec trois cents cavaliers, pour essayer de trouver un passage. Il remonte rapidement le Loir, rencontre une chaussée de

(1) Bourniseaux, t. II, p. 195. Théodore Muret, *Vie populaire*, p. 44.

moulin, s'y engage, et, malgré la fureur des eaux que les pluies ont grossies, parvient à passer la rivière (1). Il revient alors en toute hâte vers la Flèche, attaque vivement la ville, au cri de *Vive le Roi*, l'emporte, débarrasse le pont coupé des artilleurs qui en défendent les abords, et rétablit le passage avec les arbres qu'il a eu le soin de faire abattre et apporter. A ce moment, Westermann attaque de nouveau. Un instant, il se croit vainqueur ; mais La Roche-

(1) Théodore Muret, *Vie populaire*, p. 44. — « La Rochejaquelein est en face de la Flèche. On a coupé le pont ; il envoie Forestier par Bazouges pour passer le Loir, en aval, avec des tirailleurs habiles, et quant à lui, il va par Créans, en amont, avec trois cents cavaliers ayant des fantassins en croupe, et franchit la rivière par le Moulin des Belles-Ouvrières, sur la chaussée, bien qu'il y ait dix-huit pouces d'eau dessus » Grille, t. III, p. 271.

Crétineau-Joly, t. I, p. 408, et Deniau, t. III, p. 344, disent quatre cents cavaliers et autant de fantassins. Deniau raconte, en citant une tradition locale, que, au moment où l'inquiétude gagnait les Vendéens devant le pont coupé de la Flèche, des meuniers de la Sèvre vinrent dire à Henri qu'il devait exister un gué, selon l'habitude, en aval d'un moulin situé à huit cents mètres de là. Selon la même tradition, La Rochejaquelein aurait en effet traversé le Loir au Moulin de la Bruyère, tantôt à gué, tantôt à la nage.

Henri Chardon, t. I, p. 299, dit positivement que La Rochejaquelein traversa le Loir au moulin de la Bruyère, en Sainte-Colombe.

jaquelein, averti du combat, quitte la Flèche et accourt ; son arrivée ranime les courages. Faisant un grand signe de croix (1), comme c'est son habitude dans les pressants dangers, il s'élance en avant ; son ardeur se communique à tous , et Westermann est encore une fois refoulé. L'armée, remplie de reconnaissance, acclame Henri et l'appelle son sauveur.

Ce nom, il devait le mériter encore dans la matinée du 9. La ville étant attaquée par l'avant-garde républicaine, il sortit presque seul et parvint à mettre en fuite la colonne ennemie. Un très petit nombre d'officiers l'ayant suivi dans cette sortie : « Messieurs, leur dit-il en rentrant, vous me contredisez au conseil, et vous m'abandonnez au coup de canon (2). » Ainsi, non seulement il avait à lutter contre les difficultés matérielles, mais il lui fallait encore

(1) « M. Henri nous encouragea à tomber sur ces coquins-là, fit un grand signe de croix et fonça dessus. » Je lui demandai : « Est-ce que M. Henri faisait comme cela le signe de croix au combat ? » — « Oh ! oui, Madame, quand il y avait du risque. » Récit d'un paysan à la marquise de La Rochejaquelein, *Mémoires*, p. 317.

(2) Marquise de La Rochejaquelein. p. 317.

batailler au sein du conseil, et voir quelquefois
ses ordres les plus importants rester sans exécution ! L'indiscipline, augmentée par l'affole-
ment et la misère, envahissait toute l'armée ;
officiers et soldats ne savaient plus obéir,
et toute autorité était devenue impossible à
exercer.

Les Vendéens restèrent vingt-quatre heures
à la Flèche (1), et, le 10 décembre, ils prirent la
route du Mans ; c'était la seule voie libre.
Avant de partir, La Rochejaquelein fit brûler
le pont provisoire. Malgré cette précaution,
Westermann entra bientôt dans la ville, fit
massacrer tout ce qui s'y trouvait de blessés,
de malades, de traînards, et se mit immédiate-
tement à la poursuite de l'armée vendéenne.

La garnison du Mans, s'étant avancée à la rencontre des Vendéens jusqu'à Pontlieue, y fut
absolûment défaite, à cinq heures du soir, et

(1) « Un chasseur républicain, qui, disait-il, avait manqué
d'être fusillé six fois par l'armée royale à Suette et avait été
sauvé par La Rochejaquelein « qui lui avait fait avoir sa grâce, »
racontait, après sa délivrance, que presque tous les officiers du
conseil étaient estropiés, les soldats dénués de tout, accablés de
fatigue et de maladie... » Chardon, t. I, p. 325.

l'Armée Royale pénétra dans la ville sans difficulté. Elle ne comptait plus que vingt-cinq mille combattants (1), et avait à sa suite quinze mille femmes, enfants et blessés. Dans ce dernier combat, trois cents prisonniers ont été faits ; Mme du Rancher qui vient d'être délivrée par la prise du Mans, demande leur grâce, et La Rochejaquelein l'accorde, heureux, comme toujours, de se montrer généreux (2).

Les Vendéens trouvent au Mans des vivres en abondance ; ils se jettent dessus sans modération, et plusieurs périssent par excès de nourriture. Tous se reposent avec bonheur (3). Mais la tranquillité ne sera pas de longue durée ; les Républicains avancent en grand nombre, et l'avenir est presque sans espoir. Pour comble de malheur, des calomnies, des rapports malveillants viennent encore augmenter les dissensions. Quelques-uns voudraient abandonner

(1) Théodore Muret, — *Vie populaire*, p. 45. Crétineau-Joly, t. I, p. 411.

(2) Crétineau-Joly, t. I, p. 411. Deniau, t. III, p. 359.

(3) « D'après des notes que j'ai sous les yeux. La Rochejaquelein aurait établi sa demeure au *Cheval Blanc*, place des Halles .. » t. I. p. 354.

femmes et enfants, et se jeter sur la Normandie.
Henri ne veut pas entendre parler d'une mesure
aussi cruelle ; il trouve affreux de livrer au
massacre la foule qui le suit, et cherche un
moyen de la ramener en Vendée. Malheureusement l'exécution de tout plan est difficile,
presque impossible même ; la démoralisation est
trop complète. La misère et la maladie ont
affaibli les corps, et l'état physique a amené
une sorte de prostration des esprits ; tous voient
que la fin approche, ils désirent la mort ou
l'attendent avec résignation. Il arrive un moment
où le corps accablé entraîne l'âme après lui, et
où la volonté la plus forte est impuissante ; la
nature humaine a des bornes qu'elle ne saurait
franchir. Les pauvres Vendéens sont arrivés à
ce point affreux où la lutte devient impossible,
ils vont enfin succomber.

Le 11 décembre, quelques attaques partielles
sont aisément repoussées, et l'armée peut se
reposer ; mais le 12, Marceau, Kléber, Westermann, Muller, avec vingt-cinq mille hommes
de bonnes troupes (1), avancent vers Pontlieue,

(1) Deniau, t. III, p. 361. Chardon, t. I, p. 393, dit que l'éva-
luation des troupes marchant sur le Mans est bien difficile, mais

village situé sur la route d'Angers, à une demi-lieue du Mans.

Une large route conduit de Pontlieue au Mans et vient aboutir, par la rue des Quatre-Roues, à la place des Halles ; deux rues conduisent à la place de l'Eperon située un peu plus bas, enfin des rues étroites et tortueuses mènent à la petite Porte-Dorée et au Pont-Perrin. De l'autre côté de la Sarthe, sur la gauche, se trouve la route de Laval, et, un peu plus loin, celle d'Alençon.

La Rochejaquelein, Forestier et deux mille hommes sortent du Mans, et vont s'embusquer dans un bois, au delà de Pontlieue (1). Muller se présente le premier ; les Vendéens fondent sur lui et le mettent en fuite. Westermann va subir le même sort, lorsque Marceau, se faisant jour au travers des bataillons en fuite, arrive au lieu du combat et parvient à repousser la gauche des Vendéens. Avant de se retirer, La Roche-

qu'il ne lui semble pas possible que le chiffre soit plus élevé que 15 à 17,000 hommes.

(1) Bourniseaux, t. II. p. 198. Henri Chardon, t. II, p. 97, dit que le maximum des chiffres cités est 3,000 hommes.

jaquelein veut, tout au moins, retarder la marche
des Républicains. Il essaie de poster quelques
hommes derrière les haies et les fossés ; ses
efforts sont inutiles, nul n'écoute ses ordres.
Trois fois de suite, avec Allard et Forestier, il
se jette au devant de l'ennemi, trois fois les
paysans restent sourds à sa voix ; ils ne songent
qu'à fuir et ne tirent même pas un coup de
fusil (1). En sautant un fossé pour courir après
les fuyards, Henri tombe, sa selle a tourné. Il
se relève, et, voyant qu'il n'a plus rien à faire,
le désespoir dans l'âme, il part au galop pour
le Mans, afin d'y donner des ordres (2). Personne
n'attendait aussi tôt les troupes républicaines,
et aucune mesure n'avait été prise en prévision
d'une attaque, et surtout d'une défaite possible ;
il était donc urgent de hâter des préparatifs
que l'état actuel des Vendéens devaient rendre
difficiles à effectuer. La Rochejaquelein arrivé
au Mans, trouve tout dans la plus complète
désorganisation ; nul ne croyait à une attaque
sérieuse, ni ne s'occupait du combat. Il cherche

(1) Deniau, t. III, p. 364.
(2) Marquise de La Rochejaquelein, 349.

en vain des officiers ; ne peut même se procurer
un cheval de rechange, ses domestiques étant
dispersés dans la ville, et est obligé de revenir
vers le lieu du combat, sans avoir rien pu faire
pour le salut de l'armée (1).

Il trouve les quelques braves qui luttent
encore, refoulés jusqu'à la rivière de l'Huisne.
Il fait aussitôt placer deux canons sur le pont : il
espère ainsi tenir encore quelque temps en échec
les soldats de Westermann.

Pour lui, retournant vers la ville, il parcourt
les rues, les places, les auberges, afin de réunir
les combattants. Ses efforts sont presque infructueux ; les malheureux plongés dans le sommeil
de la fatigue et de l'ivresse n'entendent rien.
Henri, désolé, retourne vers le pont, avec le petit
nombre d'hommes qu'il a pu rassembler à
force de prières ou de menaces. Il est trop tard ;
pendant son absence, les Bleus ont trouvé un
gué, et passé l'Huisne ; ils attaquent en flanc ; il
faut se replier sur la ville. La Rochejaquelein
fait préparer, à la hâte, des barricades et poste

(1) Deniau, t. III, p. 365.

ses soldats dans les maisons; il faut à tout prix retarder l'entrée de l'ennemi. Talmond fait une charge désespérée et refoule, pour un instant, les soldats de Westermann.

Cependant l'alarme est donnée ; les femmes, les enfants effrayés se pressent dans les rues ; six mille hommes, environ (1), secouent leur torpeur et se battent enfin ; les autres, complètement hébétés, sont là, comme un troupeau inerte, que rien ne peut faire sortir de son engourdissement. Malgré les efforts des combattants, les Républicains avancent et pénètrent dans la ville; La Rochejaquelein, après une belle défense du carrefour du Puits des Quatre Roues, est forcé de reculer vers la place des Halles. Il est au désespoir; il voit que la fin approche, mais il veut lutter jusqu'au bout, et il ordonne à Marigny de placer des batteries sur la place, et de pointer les canons sur les rues qu'il vient d'abandonner. Des tirailleurs sont disséminés dans toutes les maisons; il faut donner le temps aux femmes et aux enfants de quitter la ville.

(1) Deniau, t. III, p. 366.

Marceau arrive au secours de Westermann ;
quatre canons sont pris aux Vendéens et tournés
contre eux. Il est dix heures du soir, la mêlée
devient affreuse ; l'obscurité redouble la confusion ; on se bat avec fureur ; les rues sont prises
par les Bleus, reprises par les Vendéens. Les
pertes des Républicains sont énormes, mais ils
combattent toujours. Les paysans qui se battent,
le font avec un courage sans borne, les officiers
s'exposent de tous côtés ; La Rochejaquelein a
deux chevaux tués sous lui.

Pendant ce temps, la panique saisit femmes,
enfants, paysans ; tous ceux qui ne combattent
pas se précipitent vers la petite Porte-Dorée et
le Pont Saint-Jean (ou Perrin), seule issue par
où puisse passer cette foule affolée qui s'écrase,
se heurte, se bouscule. Les accidents se multi-
plient : les animaux abattus, les charrettes
renversées obstruent la voie ; les malheureux
fuyards trébuchent à chaque pas ; ceux qui
tombent sont foulés aux pieds, et un nouveau
courant passe sur leurs corps. Les boulets, que
lancent sur la foule les batteries républicaines,
l'obscurité, l'étroitesse des rues, tout contribue

à rendre la déroute affreuse, et les plus braves perdent la tête.

Le 13, à trois heures du matin, Kléber avec ses troupes fraîches, se jette dans la ville et décide du combat. La panique emporte de plus en plus les Vendéens. La Rochejaquelein tente de les rallier encore une fois ; il court après les fuyards, se porte à l'entrée du pont, menace et supplie tour à tour ; rien n'y fait. « Lâches soldats, s'écrie-t-il, fuirez-vous donc toujours ? » (1). Mais sa voix reste sans effet ; le mouvement s'accentue, et Henri, entraîné malgré lui par la foule grossissante, est rejeté hors de la ville (2).

Quelques braves tiennent toujours cependant, et défendent encore les rues. Marigny tente une trouée dans les rangs de l'ennemi ; Duhoux, qui le remplace aux batteries, y est tué ; Scépeaux et Allard font des prodiges de valeur

(1) Deniau, t. III, p. 375.

(2) « Les fuyards trouvèrent aux portes du Mans leur général qui, avec un corps assez nombreux, protégeait la retraite. — « Ah ! général, vous nous avez abandonnés ! » — « Où étiez-vous au commencement de la bataille, et quand j'ai fait tant d'efforts inutiles pour vous rallier ? » Bourniseaux, t. II, p. 206.

et restent les derniers dans la ville. Bientôt tout est fini, et la malheureuse armée ne laisse derrière elle que des blessés, des femmes, des enfants qui vont devenir la proie des monstres qui ne craignent pas de souiller leurs épées dans le sang de ceux qui ne peuvent plus se défendre.

Kléber, Marceau et quelques généraux tentèrent de restreindre les massacres; ils ne purent sauver que quelques femmes. Le maire du Mans, qui a fui lâchement, lors de l'arrivée des Vendéens, revint après leur départ et ne craignit pas de s'associer aux recherches et aux assassinats. La ville devint bientôt un champ de carnage; les vainqueurs s'y livrèrent à tous les excès, et les Vendéens prisonniers subirent les traitements les plus horribles, avant de recevoir le coup mortel (1).

« Le principal massacre se faisait à la porte même de la maison qu'avaient choisie les représentants, (Turreau et Bourbotte). C'était une véritable boucherie ; les femmes y étaient

____

(1) « On ne saurait, dit Kléber, se figurer l'horrible carnage qui se fit ce jour-là. » Savary, t. II, p. 330.

entassées par trentaine; on faisait sur elles
des feux de peloton qu'il fallait redoubler, parce
que ces femmes se jetant les unes sur les autres
pour éviter la mort, il n'y avait guère que
celles qui étaient à la surface qui reçussent les
premiers coups de feu (1). »

« Tout ce qui était resté dans la ville tombe
sous leurs coups, écrivent Turreau et Prieur;
des chefs, des marquises, des comtesses, des
prêtres à foison, des canons, des caissons, des
carrosses, des bagages de toute espèce, un
nombre considérable de fusils, tout est tombé en
notre pouvoir, et des monceaux de cadavres sont
les seuls obstacles que l'ennemi opposait à la
poursuite de nos troupes. Les rues, les maisons,
les places publiques, les routes en sont jonchées,
et depuis quinze heures le massacre dure
encore » (2).

(1) Rapport du citoyen Benaben, commissaire du département
de Maine-et-Loire, près les armées destinées à combattre les
rebelles de la Vendée, p. 79.

(2) Lettre des citoyens Turreau et Prieur (23 frimaire) au
Comité de Salut Public. (Rapport sur les mesures prises par le
Comité de Salut Public pour la poursuite des Brigands de la
Vendée, le 23 frimaire an II, par B. Barère, p. 52 Archives
nationales. AD VI 57).

16

Les massacres furent tels que « l'administra-
tion municipale craignit les suites funestes de la
putréfaction de ces cadavres, et forma un comité
de salubrité, pour s'occuper des moyens d'écarter
la contagion qui menaçait la commune » (1).

(1) Chardon, t, III, p. 148.

CHAPITRE XIV.

RETRAITE DU MANS. — LAVAL.

ANCENIS. — SAVENAY.

Selon les ordres donnés par La Rochejaquelein, la retraite s'effectua par la route de Laval.
Malheureusement, un certain nombre de paysans,
trompés par l'obscurité, s'engagèrent sur la
route d'Alençon; presque tous y périrent sous
les coups des bataillons envoyés pour battre la
campagne, et des habitants, que des proclamations excitaient journellement au meurtre et au
pillage (1).

(1) Proclamation de Garnier (de Saintes), représentant du peuple,
à toutes les communes de la Sarthe, de l'Orne et de la Mayenne,
et autres lieux où les Brigands se dispersent et s'étendent:
« Citoyens, les armées triomphantes de la République viennent
de remporter une victoire signalée sous les murs du Mans, contre
les rebelles de la Vendée. Cette horde dispersée peut se rallier
encore et désoler de nouveau votre territoire. Si vous aimez
votre patrie, hâtez-vous d'exterminer les débris de ces brigands
assassins ; levez-vous, foncez sur eux avec toutes les armes dont
vous pourrez vous munir ; que le mouvement soit subit et l'indignation générale ; encore un effort et la terre de la liberté est
purgée de tous les monstres qui l'infestent. » 25 frimaire an II.
(Suivent les ordonnances les plus sévères contre ceux qui refu-

Henri, désolé d'avoir été rejeté du Mans (1) et de ne pas s'y être fait tuer, en restant le dernier dans la ville, ne veut pas toutefois, que les Bleus harcèlent les restes de son armée, pendant cette fatale déroute. Il résiste d'abord au bois des Pannetières, puis enfin, arrivé aux Maisons-Rouges, à deux lieues du Mans, il fait cacher dans la lande les canons qui lui restent, attend les Républicains, les repousse complètement et les rejette jusqu'au Mans. Après ce succès, il bat en retraite avec sa troupe, dans le plus grand ordre, jusqu'à Laval : « L'avant-garde vendéenne et une partie du corps d'armée, dit Grille, dut son salut à La Rochejaquelein, qui soutint seul la retraite, qui est une des plus belles qu'on pût faire. Il était encore, le vendredi matin, sur la place de l'Eperon, au

seraient leur concours ou donneraient asile aux Brigands). Arch. nationales, AF II, 268.

Il ressort clairement des faits cités par Chardon. t. II, p. 126 et suivantes, que les soldats tuaient les Vendéens pour avoir leurs dépouilles. « On tuait un homme pour son gilet, ou pour cinq francs », p. 128.

(1) « Un paysan raconta qu'il s'était battu dans la ville jusqu'à huit heures du matin ; Henri l'embrassa. » Marquise de La Rochejaquelein, p. 356.

Mans. Il trouva moyen de favoriser la retraite par une batterie de quatorze pièces de canon qu'il établit au bois de Pannetière, qui tua sur la route beaucoup de républicains » (1).

Près de Laval, Henri, rencontrant Mme de Lescure: « Quoi, vous êtes sauvée! » lui dit-il. — « Je vous croyais mort, lui répond-elle, puisque nous sommes battus! » Les larmes aux yeux, il lui serre la main, disant: « Ah! je voudrais bien l'être! » (2).

La Rochejaquelein a rejoint le gros de l'armée à Laval et il compte ses pertes : sur les dix-huit mille personnes qui ont disparu au Mans (3), il n'y a guère que huit à neuf mille combattants (4) ; il reste donc encore des hommes valides ; ils sont, il est vrai, affaiblis par la misère, le froid, la pluie, la faim, la maladie; malgré tout, on peut encore espérer regagner

(1) Grille, t. III, p. 35.

(2) Marquise de La Rochejaquelein, p. 353.

(3) Crétineau-Joly, t. I, p. 426. Eug. Veuillot, p. 212. Marquise de La Rochejaquelein, p. 353, et Théodore Muret, *Vie populaire*, p. 48, disent plus de quinze mille.

(4) Crétineau-Joly, t. I, p. 126. Deniau, t. III, p. 408.

la Vendée, et c'est le vœu de tous. Le 14 décembre, l'armée quitte Laval et prend la route de Craon. A ce moment, une fausse alarme est donnée par quelques éclaireurs ; Henri, prévenu, revient en hâte vers la ville (1), rassure son monde et rétablit la marche sur Craon (2). Il place les femmes et les enfants au centre des combattants, et l'armée avance lentement, mais sans perdre de temps.

La Rochejaquelein est calme, quoique soucieux, il encourage ceux qui faiblissent, jure de ne jamais abandonner l'armée et parvient à reprendre un peu d'ascendant sur les siens (3). La route n'en est pas moins affreuse : obligés de faire une course rapide, beaucoup de ces

(1) « A quelques pas de Laval, je trouvai M. de La Rochejaquelein, qui retournait à la ville ; il me dit qu'il venait d'arrêter
cette espèce de déroute, qu'il n'y avait pas apparence de
hussards, qu'il allait déjeuner tranquillement à Laval, faire
ensuite l'arrière-garde, et que nous pouvions, sans alarme,
continuer notre chemin. C'est la dernière fois que je lui ai
parlé ». Marquise de La Rochejaquelein, p. 359.

(2) « Des femmes de la vile populace de Laval se jetaient sur les
traînards et commençaient à les massacrer, lorsque La Rochejaquelein, averti, revint et les mit en fuite. » Deniau, t. III, p. 416.

(3) Deniau, t, III, p. 615, d'après le témoignage de Jacques
David.

malheureux, trop faibles pour en supporter les fatigues, tombent sur le bord du chemin, attendant la mort, que leur donnera le premier républicain qui passera. La route est jonchée de morts et de mourants : « Notre victoire (du Mans) leur coûte au moins dix-huit mille hommes, écrit Garnier, car dans 14 lieues de chemin il ne se trouve pas une toise où il n'y ait un cadavre étendu. On amène les prisonniers par trentaine ; dans trois heures, on les juge, la quatrième on les fusille » (1). Et plus loin : « J'ai pris un arrêté pour faire lever toutes les campagnes.... il produit un excellent effet : on les chasse (les Vendéens) comme des bêtes fauves, et le nombre de ceux qu'on tue équivaut à ceux qu'on fait prisonniers » (2).

Les Républicains sont satisfaits ; ils ont enfin vaincu la grande armée et font couler à flots le sang des femmes et des enfants. Thierry, Cordier, Robin, Obrunier, écrivent à Richard, représentant du peuple, et, après lui avoir fait

(1) Garnier au Comité de Salut Public, Alençon, 29 frimaire. Arch. nat. AF II, 268.

(2) Séance du 2 nivôse. *Moniteur* du 23 décembre 1793.

l'énumération des divers prisonniers qu'ils lui envoient, ils ajoutent : « L'exemple est un motif si puissant sur le peuple que le comité vous demande de lui envoyer la *Sacram Sanctam Guillotinam* et les *ministres républicains* de son *culte* . . . . Il n'est pas d'heure dans la journée qu'il ne nous arrive des *récipien-daires* que nous désirons initier dans ses mystères... Jugez de la joie que nous éprouvons, en songeant que les *autels* de cette *divinité* libératrice de la République ne sont pas près d'être abandonnés » (1). Ce persiflage indigne n'ajoute-t-il pas au cynisme de la demande ?

De leur côté, Prieur et Turreau écrivent, le 14, au Comité du Salut public : « Depuis notre dernière lettre, les troupes républicaines réunies n'ont cessé de poursuivre les Brigands ; nous avons rencontré, sur les chemins qu'ils ont suivis, les traces de la déroute la plus complète ; des cadavres se présentaient à chaque pas. Des caissons, des femmes, des enfants, arrêtés, saisis partout, prouvaient que le centre de

(1) Vial. Fusillades et assassinats. p. 152.

l'armée avait été entamé. Nous avons aussi rencontré les habitants des campagnes armés de fusils, de fourches, de faux, donnant la chasse aux Brigands et les exterminant de tous côtés. Nos soldats espéraient les retrouver à Laval, et le désir qu'ils ont de les exterminer, les cris de *Vive la République, Vive la Montagne, Mort aux Brigands!* sont des présages certains des nouvelles victoires qu'ils remporteront » (1).

De Craon, les pauvres Vendéens se dirigent sur Saint-Mars-la-Jaille, et de là, vers Ancenis, où Henri entre sans résistance, avec l'avant-garde, le 16 décembre. Toutes les embarcations ont été emmenées ou coulées; il n'y a, pour passer la Loire, qu'un petit bateau que

(1) Prieur et Turreau au Comité de Salut public. Crétineau-Joly, t. I, p. 426.

Deniau, t. III, p. 424 (l'analyse de cette pièce se trouve aux Archives nationales, enregistrement de la Correspondance du Comité de Salut public, A F II, 268).

« Si peut-être, par peur des Bleus, des paysans couraient armés de fourches, pour tuer les Vendéens, combien d'autres cherchaient à les sauver et les cachaient, car, en général, les campagnes étaient royalistes entre Laval et le Mans ». Notes de la marquise de La Rochejaquelein sur la *Vendée militaire*, publiées par Grimaud, p. 17.

La Rochejaquelein a fait apporter de l'étang de
Saint-Mars, et une vieille barque oubliée.
De plus, les officiers se demandent, avec inquiétude, si la rive gauche n'est pas occupée. Ils
envoient deux émissaires chargés de reconnaître
le terrain ; des coups de fusil sont entendus et
personne ne revient ; il y a donc, tout au moins,
des patrouilles qui parcourent la campagne.
On construit des radeaux, mais tiendront-ils?
les eaux sont grosses et la Loire coule à pleins
bords. Sur l'autre rive, on aperçoit quatre
grandes barques chargées de foin, on décide
qu'il faut s'en emparer à tout prix, les décharger
et les amener. L'entreprise est périlleuse :
La Rochejaquelein, Stofflet et Baugé montent
résolument dans le petit bateau ; il leur faut, non
seulement protéger le passage, mais encore être
là, sur cette rive gauche tant désirée, pour
empêcher les Vendéens de se disperser aussitôt
après le débarquement (1). Langerie, avec
dix-huit hommes courageux, entre dans l'autre
embarcation : les uns et les autres traversent

(1) Théodore Muret, *Vie populaire*, p. 50.
Bourniseaux, t. II, p. 213.

heureusement le fleuve et se mettent à décharger les barques.

L'anxiété de toute l'armée est impossible à peindre ; tous sont là, suivant avidement les mouvements de ceux qui cherchent à leur procurer le salut, et tremblant qu'une circonstance malheureuse vienne encore empêcher le passage ; elle ne tarde pas à se produire. Une première patrouille arrive, elle est repoussée. Une seconde, plus forte, survient ; les paysans, effrayés, *s'égaillent,* abandonnant La Rochejaquelein, Stofflet et la Ville-Baugé (1), qui sont obligés de se cacher dans les broussailles, afin d'échapper aux poursuites, et d'attendre l'instant favorable pour repasser la Loire et rejoindre l'armée (2).

Ils ne devaient pas réussir, et c'est sans eux que la grande armée finira glorieusement sa longue *tournée* (3).

(1) Voir, appendice note II, dans *Mes souvenirs sur ma famille,* d'Anne-Henriette du Vergier, le récit du retour de Henri.

(2) Crétineau-Joly, t. I, p. 129.

(3) Les paysans appelaient, après la guerre, leur campagne d'Outre-Loire *la tournée de galerne* (Galerne, Nord).

A Ancenis, en effet, la position devient de plus en plus terrible. Les radeaux sont à peine construits (1), qu'une canonnière arrive, se place au milieu du fleuve, et par son feu continu empêche de les mettre à flots. Bientôt tout espoir est perdu ; Westermann paraît sur les hauteurs, il faut renoncer à passer la Loire et abandonner, une fois encore, cette Vendée après laquelle soupirent tous les cœurs. L'armée se dirige sur Nort, Blain et Savenay, où, le 23 décembre, elle est écrasée par le nombre, et termine, dans une lutte désespérée, sa grande et héroïque campagne.

Les Républicains triomphent. Ils sont morts, les vaillants qui les ont si souvent défaits ! Ils triomphent, les misérables, ils peuvent, impunément désormais, plonger leurs mains cruelles dans le sang des fugitifs qui, de tous côtés, cherchent secours et abri dans les chaumières bretonnes. « Il n'y a plus de Vendée, citoyens

(1) Deniau, t. III, p. 430, d'après les récits de témoins oculaires, dit que les barques déchargées par les compagnons de La Roche-jaquelein furent amenées et transportèrent quelques Vendéens. Le nombre de ceux qui repassèrent le fleuve fut de trois à quatre cents. Id. p. 434.

républicains, écrit Westermann, elle est morte sous notre sabre libre, avec ses femmes et ses enfants, je viens de l'enterrer dans les marais et les bois de Savenay, suivant les ordres que vous m'aviez donnés. J'ai écrasé les enfants sous les pieds des chevaux, massacré les femmes qui, au moins pour celles-là, n'enfanteront plus de Brigands. Je n'ai pas un prisonnier à me reprocher. J'ai tout exterminé. Un chef de Brigands, nommé d'Isigny, a été tué par un maréchal-des-logis. Mes hussards ont tous attaché à la queue de leurs chevaux des lambeaux d'étendards des Brigands. Les routes sont semées de cadavres. Il y en a tant que, sur plusieurs endroits, ils font pyramide. On fusille sans cesse à Savenay, car, à chaque instant, il arrive des Brigands qui prétendent se rendre prisonniers. Kléber et Marceau ne sont pas là : nous ne faisons pas de prisonniers, il faudrait leur donner le pain de la liberté, et la pitié n'est pas révolutionnaire » (1).

Non, certes, la pitié n'existait pas dans le

---

(1) Wertermann au Comité de Salut public. Crétineau-Joly, t. II, p. 4. Eug. Veuillot, p. 219. Deniau, t. III, p. 400.

cœur des misérables qui commandaient cette
armée exterminatrice, et l'honneur même y était
inconnu. Le citoyen Benaben, tout révolutionnaire et commissaire du Gouvernement qu'il
est, ne peut s'empêcher de révéler les infamies
qui s'y font tous les jours. Il raconte comment on
promettait amnistie à ceux qui viendraient se
constituer prisonniers, et comment on fusillait
immédiatement ceux qui s'étaient fiés à la bonne
foi républicaine: « Voilà sans doute, ajoute-t-il,
une action bien atroce; eh bien! en voici une
plus atroce encore, et qui paraîtrait incroyable,
si elle n'était attestée de toute l'armée. Cinq ou
six cents Brigands se rendent, on les fait entourer et fusiller ; beaucoup tombent de peur ;
d'autres remuent encore : « Que ceux qui ne
sont pas blessés se lèvent », leur crie-t-on ; les
malheureux croient que c'est enfin la grâce
promise, ils se relèvent, une seconde décharge
les abat et le sabre des soldats achève ceux qui
vivent encore » (1).

(1) Rapport du citoyen Benaben, commissaire du département
de Maine-et-Loire près des armées destinées à combattre les
rebelles de la Vendée. p. 91.

CHAPITRE XV.

LA ROCHEJAQUELEIN EN VENDÉE. — CHARETTE.
VEZINS. — NUAILLÉ.

La Rochejaquelein, Stofflet, Baugé et Langerie forcés, comme nous l'avons vu, de s'enfoncer dans le Bocage pour échapper aux patrouilles républicaines, erraient depuis vingt-quatre heures, sans avoir pu trouver encore, ni une maison, ni un habitant; le pays saccagé n'offrait plus aucune ressource, car les pauvres paysans, traqués, menacés, dépouillés, se cachaient le plus souvent dans les champs, dans les bois, essayant d'échapper ainsi aux mauvais traitements ou à la mort.

Ils arrivent enfin, le soir du second jour, à une métairie habitée et se jetent, absolument épuisés, sur un tas de paille, malgré les avis du fermier que le voisinage des Républicains inquiète. Ils viennent à peine de s'endormir, quand leur hôte effrayé, les prévient de l'approche des Bleus: « Il faut que nous dormions, répond

Henri, laisse à la Providence le soin de veiller sur nous » (1), et tous quatre se rendorment. Les Républicains arrivent, au nombre de trente ; ils sont fatigués et se couchent de l'autre côté du tas de paille, sans songer seulement à en faire le tour.

Le lendemain, réveillés avant le jour, les généraux peuvent se remettre en route sans être inquiétés. Ils marchent dans la direction de Trémentines, trouvent encore une ferme amie et s'y reposent ; La Rochejaquelein et Stofflet partagent le même lit. De là, ils se réfugient dans un petit bois, y passent quelques jours, obligés pour vivre, tant le pays est dénué de ressources, d'attaquer des Bleus isolés et de prendre leurs provisions (2). Ils se dirigent ensuite vers Châtillon, trouvent la ville occupée (3),

(1) Eugène Veuillot, p. 229.

(2) Bourniseaux, tome II, p. 233.

(3) « Ils traversèrent la ville à quatre pattes pour n'être pas reconnus ; cependant comme l'un d'eux était fort enrhumé, il fit quelque bruit ; une sentinelle cria : *Qui vive ?* De suite ils se tapirent par terre et restèrent quelque temps sans mouvement. La sentinelle croyant que c'était un chien, se tint tranquille. Marquise de la Rochejaquelein, appendice, note V, p. 472.

et gagnent Saint-Aubin, d'où Henri va voir sa
tante, Mlle de La Rochejaquelein, alors cachée
au Boisvert de Combrand ; il passe près d'elle les
fêtes de Noël et revient seul à la Durbelière (1).
Surpris une nuit par les Républicains, qui viennent encore une fois mettre le feu au château,
il ne leur échappe qu'en se tenant couché sur les
ruines de l'entablement de l'une des façades (2).

L'âme navrée de voir son pays dévasté chaque
jour et ses compatriotes massacrés de tous
les côtés, il désirait vivement réunir quelques
hommes et se faire tuer à leur tête, en tentant,
une fois encore, de sauver la malheureuse
Vendée. « Que ne suis-je mort, disait-il souvent, pourquoi ai-je survécu à mes braves
compagnons ? » (3). Sa tante l'avait encouragé

(1) « A Noël, Henri me vint voir à Boisvert de Combrand. Après
la dernière fête, il revint à la Durbelière. » Souvenirs inédits de
Anne-Henriette du Vergier. Voir appendice, note II.

(2) Deniau, t. IV, p. 77. « Un jour on lui annonce que les
Bleus sont au château de la Durbelière..... il y court aussitôt.....
A peine Henri est-il entré dans la cour, un lieutenant-colonel
s'avance d'un air solennel et lui dit : « J'espère, Monsieur, que
vous ne me confondez pas avec tous ces misérables, je suis
gentilhomme. » — « Raison de plus, » s'écrie Henri en lui brûlant
la cervelle. » Marquise de La Rochejaquelein, p. 435.

(3) Bourniseaux, t. II, p. 246.

à recommencer la lutte : « Peut-être nous ne nous reverrons plus ; lui avait-elle dit, mais si tu péris dans cette entreprise, tu emporteras tous mes regrets et mon estime » (1).

Au moment où il cherche à rassembler les paysans, il apprend l'arrivée de Charette à Maulévrier. Ce général, resté en Vendée après le départ de la grande armée, n'a pas cessé d'y combattre vaillamment, tenant toujours en échec les Républicains et les inquiétant par d'habiles manœuvres. Il venait dans la Haute-Vendée, espérant y réunir les débris des armées de Lescure et de La Rochejaquelein et parvenir, avec leur aide, à chasser les Bleus de Châtillon et de Cholet.

Déjà maître de Châtillon, il voit, chaque jour, son armée s'accroître de tous ceux que l'absence de chefs retenait cachés au fond des bois. Bientôt, acclamé généralissime, il espère enfin commander seul en Vendée. L'arrivée de Henri, qui le rejoint à Maulévrier, déconcerte ce plan caressé depuis longtemps, et il reçoit plus que

(1) Marquise de La Rochejaquelein, appendice, note V, p. 472.

froidement ce rival destiné, tout au moins, à partager l'autorité avec lui (1).

En effet, à peine les gens du pays savent-ils le retour de La Rochejaquelein, qu'ils quittent spontanément Charette et se donnent sans hésitation à Henri, ne voulant pas, disent-ils, d'autre chef que lui. Charette, de plus en plus mécontent, n'invite même pas La Rochejaquelein à partager son déjeuner, répond avec humeur aux observations que Henri lui fait sur les dangers d'une attaque immédiate de Cholet, et annonce son départ pour Mortagne (2). Puis, se tournant brusquement vers La Rochejaquelein : « Vous allez me suivre, » dit-il. — « Je ne suis pas accoutumé à suivre, mais à être suivi, Monsieur, » répond Henri en lui tournant le dos (3).

(1) « M. Coulon dit qu'il fut témoin de la dureté avec laquelle Charette reçut La Rochejaquelein. » Note de l'abbé Deniau, t. IV, p. 78.

(2) Deniau, t. IV, p. 78, dit que La Rochejaquelein et Stofflet suivirent Charette à Mallièvre et que ce fut là qu'ils se séparèrent.

(3) Eug. Veuillot, p. 230, raconte ainsi la scène : « Il se mit à table avec ses officiers, sans rien offrir à la Rochejaquelein, qu'il instruisit cependant de ces projets d'attaque sur Cholet. « Les

Cette division était un malheur, car elle amenait encore l'éparpillement des forces, désormais si restreintes, de la Vendée. Mais quand on examine la manière d'être de Charette, du commencement à la fin de la guerre, on arrive à croire que toute entente avec lui était presque impossible : il lui fallait le pouvoir absolu et l'indépendance complète dans ses mouvements. La Rochejaquelein aurait peut-être été plus dévoué, en cédant à Charette ; mais, habitué au commandement d'une armée qu'il avait si souvent menée à la victoire, il ne crut pas devoir se soumettre lui-même, et soumettre ses soldats, à des vues qui n'étaient pas les siennes. Il pouvait avec raison, il nous semble, se croire un droit au commandement et une voix au conseil !

Charette retourné en Basse-Vendée, La Rochejaquelein licencia sa petite troupe ; il trouvait

Républicains y sont en force, et vous échouerez, » lui-dit le généralissime d'Outre-Loire. « Eh bien ! répondit Charette, je pars pour Mortagne ; suivez-moi : je vais vous faire donner un cheval. » — « Monsieur, je suis habitué à être suivi, » répliqua La Rochejaquelein et il se retira. »

inutile, pour le moment, de commencer les hostilités, et il lui paraissait préférable de donner aux fugitifs de l'autre rive, le temps de revenir. Les Républicains ne voyant plus d'ennemis, se livrèrent à toutes sortes de cruautés ; le pays fut mis à feu et à sang. Les terribles *colonnes infernales* commençaient leur sinistre besogne.

Henri, caché à Saint-Aubin, ne peut rester longtemps inactif devant de si horribles excès. Il appelle bientôt aux armes ceux qui souffrent comme lui de voir leur Vendée sous le joug de la terreur ; il veut, s'il est possible, ramener la tranquillité dans cette partie du pays qui s'est confiée à lui (1). Vers le 15 janvier (2) il rejoint

(1) « Il avait une sorte de pressentiment de sa fin prochaine. Un jour que sa tante lui reprochait de ne pas se raser et d'être par trop peu soigné : « Une balle va bientôt me faire la barbe, lui répondit-il, je suis plus près de la mort que de la vie. » Bourniseaux, t. II, p. 266.

(2) Crétineau-Joly, t. II, p. 167, dit le 15 janvier. Deniau, t. IV, p. 202, dit le 22 janvier. D'après une lettre du général Commaire au ministre, datée du 4 janvier, Grignon aurait déjà battu La Rochejaquelein et ses cinq à six cents hommes. Grignon écrit aussi, le 13 janvier, qu'il a battu La Rochejaquelein et qu'il s'est emparé de son cheval tout harnaché. Savary, t III, p. 13 et 14.

Enfin, vers ce moment, Boucret écrivait de Cholet : « Trois paysans m'ont dit que La Rochejaquelein était déguisé et caché

Stofflet, et tous deux se rendent à Neuvy, en Anjou, afin de se mettre à la tête du rassemblement qui s'y est formé, d'après leurs ordres. Les paysans, heureux de retrouver leur général, et excités par les horreurs qui se commettent chaque jour, s'y trouvent en grand nombre ; la bande de la Bouère rejoint dans les landes des Cabournes (1). L'enthousiasme est très grand ; Henri l'augmente encore par des paroles pleines de cœur et de courage. On le prévient, à ce moment, qu'un détachement quitte Jallais et vient l'attaquer. Il part aussitôt avec Brouard, afin de reconnaître l'ennemi. Bientôt, à la lueur du jour qui se lève, il aperçoit deux officiers, marchant en avant de leurs hommes : « Feu sur celui de gauche, dit-il tout bas ; moi, je tire sur celui de droite. » Les deux officiers tombent, et leurs soldats, craignant une embuscade, s'enfuient vers Jallais (2).

dans une métairie, qu'il changeait tous les jours de logement et était très malade. Voilà tout ce que je sais. » Savary, t. III, p. 11.

(1) « Ce rassemblement n'eut lieu que le vendredi 21 janvier, pendant la nuit, dans les landes des Cabournes de Jallais ; on se réunit, à peu près 7 à 800 hommes. » Mémoires inédits de Pauvert, p. 16. (Archives de Clisson.)

(2) Deniau, t. IV, p. 202.

Les Vendéens rentrent dans les bois pour s'y tenir à couvert, La Rochejaquelein va du côté des Aubiers (1), Stofflet dans la forêt de Vezins. Quelques jours après, ils se réunissent à Saint-Paul-du-Bois (2), se dirigent sur Vihiers et y défont les Républicains. Apprenant que Cordelier avance avec sa colonne (3), La Rochejaquelein marche à sa rencontre. « On se mit en route pour aller attaquer les Républicains, qui étaient à Sainte-Christine, raconte Pauvert dans ses Mémoires. Ayant eu connaissance de notre démarche, ils dirigèrent leurs pas vers nous ; les deux armées se rencontrèrent au moulin de Grouteau. M. Henri se trouvant à la tête, avec Stofflet, ils virent les Républicains qui venaient à nous, ils firent feu sur eux ; tout le monde suivit leur exemple, et les Républicains prirent

(1) Deniau, t. IV, p. 203.

(2) L'intrus de Saint-Paul-du-Bois, qui servait d'espion ux Républicains, fut tué d'un coup de fusil, au moment où il cherchait à s'échapper. Deniau, t. IV, p. 206, attribue ce coup de feu à La Rochejaquelein.

(3) Turreau ordonne à Cordelier « de s'attacher à La Rochejaquelein et de le poursuivre partout, sans lui donner un moment de repos. » Ordre du 12 janvier 1794. Savary, t. III, p. 186.

la déroute de suite, sans faire aucune résistance. M. Henri, qui était à pied, poursuivit les Républicains sur la route de Chalonnes; un cavalier ennemi, monté sur un cheval, le chargea, alors M. Henri dit à Pierre Marchand, de Jallais, qui était à côté de lui, de faire attention où allait porter le coup qu'il allait tirer, qu'il visait le cheval au front. Le cheval tomba mort au coup de fusil; le cavalier voulut se sauver dans un champ de genêt qui était à côté, mais Marchand le traversa d'un coup de baïonnette.

L'armée fut coucher à la Jumellière, où elle trouva, dans un petit pré, avant d'arriver, trente-sept femmes et enfants passés au fil de la baïonnette, ce qui irrita davantage les Brigands. La nuit se passa en silence. Le lendemain matin on fut à Chemillé, où M. Henri avança sur l'avant-poste des Républicains; la sentinelle cria sur lui « *Qui vive?* », il répondit « Royaliste » et au même instant, la tua d'un coup de fusil; aussitôt tout le monde avança sur l'ennemi, on lui prit tous ses bagages et tous ses chevaux » (1).

(1) Pauvert. Mémoires inédits. p. 16 (Archives de Clisson).

Le 17 janvier, Grignon, arrivé en Vendée, dit hautement à ses soldats : « Mes camarades, nous entrons dans le pays insurgé. Je vous donne l'ordre de livrer aux flammes tout ce qui sera susceptible d'être brûlé et de passer au fil de la baïonnette tout ce que vous rencontrerez d'habitants sur votre passage. Je sais qu'il peut y avoir quelques patriotes dans ce pays; c'est égal, nous devons tout sacrifier » (1). Ces affreuses recommandations sont suivies de point en point; la terreur règne dans tout le pays, les crimes les plus abominables s'y renouvellent à chaque heure. Pas un village n'échappe; partout où passent les armées républicaines, règnent la désolation et la mort. De pareils traitements excitent de plus en plus les Vendéens. Ils veulent essayer de sauver les femmes et les enfants qui errent dans la cam-

____

(1) Crétineau-Joly, t. II, p. 112. « Grignon me dit qu'en entrant dans la Vendée il avait juré d'égorger tout ce qui se présenterait à lui ; *qu'un patriote* n'était pas censé habiter ce local: que d'ailleurs la mort d'un patriote était peu de chose, quand il s'agissait du salut public. » Lequinio, *Guerre de la Vendée* et des Chouans, dénonciation du représentant du peuple Lequinio au Comité de Salut public, p. 46.

pagne ou se cachent dans les bois, et un grand nombre, restés jusque-là tranquillement chez eux, rejoignent La Rochejaquelein dans la forêt de Vezins, son quartier général (1).

Afin d'effrayer l'ennemi et de masquer l'insuffisance des forces (2), Henri adopte un plan habile : par des marches forcées, effectuées la nuit, il passe rapidement d'un point à un autre, et jette ainsi l'alarme de tous les côtés à la fois. Il remporte de petits avantages, prend Chemillé, d'où il chasse Beaufranchet, et effraie les Républicains, qui croient à une résurrection de la Vendée. Mais comme sa troupe est insuffisante

(1) « Ennuyés d'être seuls, nous avons partout cherché nos chefs. Enfin nous avons trouvé M. de La Rochejaquelein. MM. Stofflet, de Baugé, dans la forêt de Vezins, où ils étaient cachés dans des baraques. M. de La Rochejaquelein nous coupa la route et cria : *Qui vive?* croyant que nous étions l'ennemi, et nous en croyions autant, nous répondîmes : *Républicains.* Heureusement il reconnut ma voix. Ils s'approchèrent tous trois, et M. le marquis nous demanda ce que nous voulions. Nous lui avons dit que c'était lui-même que nous cherchions, et que nous voulions faire un rassemblement. « Vous êtes trop braves, mes amis, nous dit-il, je ne veux pas vous sacrifier; il n'est pas temps. » Nous lui avons dit que nous le soutiendrions avec courage jusqu'à la mort, et il s'en est venu avec nous ». Renée Bordereau, dite Langevin, *Mémoires*, p. 37-38.

(2) Mille hommes environ suivaient Henri, Deniau, t. IV, p. 207.

pour tenir la campagne, il revient toujours dans la forêt. Le 24, un officier général est pris et passé par les armes. On a trouvé sur lui un ordre écrit de la main même du général Turreau : « d'offrir de donner aux Brigands tous les sauf-conduits qu'ils demanderaient, en leur promettant l'oubli du passé, s'ils déposaient les armes », et il était écrit plus bas : « Aussitôt qu'ils seront partis pour retourner chez eux, il est enjoint aux généraux et aux soldats de les fusiller tous ».(1). Cet ordre est communiqué, autant que possible, à tous les Vendéens ; il est urgent de leur montrer ce qu'ils peuvent attendre des promesses républicaines.

Le 26 janvier, La Rochejaquelein se dirige de nouveau vers Chemillé. En passant près du château de Salbœuf, il aperçoit dans la cour un

(1) Crétineau-Joly, t. II, p. 138. « Un jour on enleva un adjudant général : on le conduisit à M. de La Rochejaquelein, qui était dans sa cahute, le bras enveloppé à cause de sa blessure, un gros bonnet de laine sur la tête. Le général fut très surpris de voir un chef dans un pareil accoutrement. M, de La Rochejaquelein l'interrogea ; après qu'il eût répondu à ses questions, il lui dit : « Le conseil de l'armée royale vous condamne à mort », et on le fusilla. » Marquise de La Rochejaquelein, appendice, note V, p. 172.

escadron de dragons. Il est seul à cheval de toute sa bande ; quelques chevaux ne seraient pas de trop, c'est une occasion qui se présente. Tous s'élancent aussitôt, renversent, en un clin d'œil, huit ou dix dragons et mettent les autres en fuite. Les deux Loyseau et deux chasseurs de Trémentines montent à cheval, suivent Henri et se lancent à la poursuite des fuyards. Ils arrivent tous les cinq à Chemillé et traversent la ville, sans souci du danger qu'ils peuvent courir ; un épais brouillard les favorise et ils peuvent gagner la route de Vezins, poursuivant toujours les dragons de Salbeuf, auxquels s'est jointe la garnison de Chemillé, forte de deux cents hommes. Cinq hommes mettent ainsi en fuite des centaines de soldats ! Et ce n'est pas tout encore ; les intrépides jeunes gens continuent leur course, arrivent à l'entrée du bourg de Vezins, que cent vingt soldats défendent. La Rochejaquelein répond imperturbablement, « *républicain* » au « *qui vive ?* » de la sentinelle, s'approche, l'étend à ses pieds, entre dans le corps de garde avec une audace inouïe, criant : « Combien êtes-vous de coquins ici ? » décharge

son fusil sur le premier qui se présente, prend
son arme par le canon et tape avec la crosse sur
ceux qui suivent (1). Les Bleus, stupéfaits d'une
si brusque attaque, se croient à la merci de
l'armée tout entière et s'enfuient précipitamment
jusqu'à Cholet. Stofflet arrive peu après ; les
soldats, enhardis par des succès si rapides et si
faciles, sont pleins de confiance, ils ne doutent
plus de voir revenir les beaux jours de la Vendée,
et voudraient tout tenter. La Rochejaquelein
ne partage pas leurs espérances ; il voit que les
ressources ne sont plus les mêmes, et que des
précautions infinies permettront seules, désormais, de continuer la lutte. Il ramène donc ses
soldats dans la forêt de Vezins pour les y tenir
à l'abri de toute surprise et prêts à fondre, à la
première alerte, sur l'endroit menacé.

Le 27, La Rochejaquelein apprend qu'un
détachement de la garnison de Cholet doit se
porter le lendemain sur Nuaillé et y mettre le
feu. Il va, avec sa troupe, se poster dans un bois
situé sur la métairie de la Vallonnerie, à un

(1) Crétineau-Joly, t. II, p. 138.

kilomètre de Nuaillé, sur la route de Cholet. Le 28 (1), de grand matin, les Bleus, au nombre de quatre cents, arrivent sans défiance, un combat s'engage, et en trois quarts d'heure les Républicains sont complètement défaits (2). La poursuite commence. La Rochejaquelein, avec quinze hommes, traverse le pré de la Brissonnière. Deux grenadiers cherchent à s'enfuir dans un champ voisin ; les paysans veulent les tuer : « Arrêtez, dit Henri, je veux les faire parler. » Stofflet et les autres cherchent à le retenir ; il s'avance, malgré leurs instances : « Rendez-vous, crie-t-il aux Bleus, je vous fais grâce ». Un des grenadiers, entendant le nom de La Rochejaquelein prononcé imprudemment, s'arrête, fait mine de se rendre, présente son fusil par le canon, et tire au moment où Henri va le saisir. Le jeune héros tombe ; la balle lui a fracassé le front (3).

(1) Théodore Muret, *Vie populaire*, p. 55. Eug. Veuillot, p. 282. Deniau, t. IV, p. 210. Pauvert, Mémoires inédits, page 19. Voir appendice note XI. Voir aussi, appendice note X, le rapport du commandant de place de Cholet au général en chef.

(2) Deniau, t. IV, p. 211, citant un témoin oculaire, Jacques Bouchet.

(3) Marquise de La Rochejaquelein, p. 433. Théodore Muret,

Stofflet sabre le grenadier qui, fier de sa facile victoire, se déclare hautement l'assassin, et renvoie l'autre, disant : « Toi, tu es libre, M. Henri t'a fait grâce »..

Jusqu'au dernier moment, Henri de La Rochejaquelein se montre ce qu'il a toujours été, fort dans le combat, doux dans la victoire. Il meurt cherchant encore à être utile aux siens, et ses dernières paroles sont des paroles de grâce.

« Ainsi finit, à vingt-et-un ans, celui des chefs de la Vendée dont la carrière a été la plus brillante. Il était l'idole de son armée. Encore à présent, quand les anciens Vendéens se rappellent l'ardeur et l'éclat de son courage, sa modestie, sa facilité, et ce caractère de héros et de bon enfant, ils parlent de lui avec fierté et avec amour ; il n'est pas un paysan dont on ne

Vie populaire, p. 55. Eug. Veuillot, p. 282. Johanet. t. I, p. 293. Crétineau-Joly, t. II, p. 139-140. Pauvert. Mémoires inédits, voir appendice, note XIV. Deniau, t. IV, p. 240, raconte le fait un peu différemment. Voir, appendice, note XI, son récit et celui de plusieurs autres.

voie le regard s'animer quand il raconte comment il a servi sous *Monsieur Henri* » (1).

Ceux qui l'ont connu l'ont aimé (2). Ceux qui n'ont connu de lui que ses actes, l'ont admiré ; Napoléon s'est écrié dans ses Mémoires, après avoir raconté sa mort : « La Rochejaquelein n'avait que vingt-et-un ans ; qui sait ce qu'il serait devenu (3) ? »

« A vingt-et-un ans, dit Poujoulat, il s'était trouvé généralissime d'une armée sortie de terre aux cris de l'enthousiasme et de la foi ; en dix mois il remporte seize victoires. La Rochejaquelein, sur les champs de bataille, avait le coup d'œil des grands capitaines et oubliait ses vingt ans ; dans les conseils il reprenait sa timidité du jeune âge et n'osait pas vouloir : c'était la modestie de l'héroïsme. Il n'est point de plus brillante figure épique ; sa courte vie guerrière fut comme une apparition glorieuse.

(1) Marquise de La Rochejaquelein, Mémoires, éd. Baudouin, Paris 1823, p. 407.

(2) Voir appendice, note XVII, la lettre de M. Jagault.

(3) Napoléon, Mémoires dictés, à Sainte-Hélène, au général Montholon, t. VI, p. 266.

Nous l'avons appelé l'Achille de la Vendée ; les soldats l'appelaient tout simplement Monsieur Henri (1). »

Les Républicains eux-mêmes sont forcés de rendre justice à sa générosité et de reconnaître ses rares capacités. « Parmi ceux qui se battent, dit le révolutionnaire Grille (2), il y en a que je nomme mes frères et que je voudrais unir tous ensemble et embrasser : je veux dire, Kléber, Marceau, Beaupuy, Marigny, La Rochejaquelein, Bonchamps et tous ceux qui ont de l'honneur, ceux qui ont de l'âme, et qui, hors du combat, ont la grâce d'une femme et la voix d'un enfant. Quelle armée que celle qui aurait eu tous ces hommes à sa tête, et quelle France invincible que celle qui eût présenté au Rhin une telle ligne de héros à l'ennemi ! »

« La Rochejaquelein, chef du district de Châtillon, dit un officier supérieur, enlevait le soldat par une bravoure téméraire ; ses résolutions étaient promptes, habiles et hardies ;

(1) Poujoulat, Histoire de la Révolution, t. II, p. 59.
(2) La Vendée en 1793, t. III, p. 70.

18

on remarquait sa douceur, son humanité et son insouciance dans les conseils; il préférait le rôle de soldat à celui de chef, quoi qu'il eût cette capacité militaire naturelle qui porte aux commandements élevés : généralissime après la blessure de d'Elbée, il dirigea à vingt-deux ans l'expédition de Granville, où en dix mois les Vendéens furent tant de fois vainqueurs: la désertion, la lassitude des siens, le vice du plan général de l'expédition, mais principalement Kléber, Marceau et les Mayençais, triomphèrent de son génie. Un grenadier délivra la République de ce redoutable ennemi, auquel les plus hautes destinées semblaient être promises » (1).

Turreau écrivait le 9 mars : « J'ai donné ordre à Cordellier de faire déterrer La Rochejaquelein et d'acquérir des preuves de sa mort » (2). Hommage involontaire rendu à sa valeur; il effrayait à tel point les Républicains qu'ils

----

(1) De la Vendée militaire, par un officier supérieur (Roguet), t. I, p. 93 et 94.

(2) Turreau au Comité de Salut Public, séance de la Convention du 27 pluviôse, *Moniteur* du 17 février 1794.

espéraient voir la Vendée finir avec lui. Il n'en
fut rien ; Stofflet prit le commandement de
l'armée et continua une guerre d'escarmouchés
souvent funeste aux Républicains. Marigny,
après avoir erré longtemps en Bretagne, parvint
à rentrer en Vendée et y remporta plusieurs
avantages. Charette, Sapinaud, dirigèrent les
opérations en Basse-Vendée, et, excités de
plus en plus par les cruautés et les perfidies
républicaines, les Vendéens continuèrent avec
acharnement une guerre nécessaire à leur conservation. Mais le caractère en changea complètement ; ce ne furent plus que combats partiels,
qu'escarmouches sans cesse renouvelées. Le
manque d'entente devint général, et, il faut bien
le dire aussi, l'habitude du sang et l'exaspération que causaient les horreurs commises par
les Républicains, firent perdre aux Vendéens
leur douceur et les rendirent, quelquefois, incapables de résister au désir de la vengeance.

Charette se couvrit de gloire par sa ténacité,
ses talents et sa constance inébranlable, mais
enfin, fait prisonnier et conduit à Nantes, il y fut
fusillé le 29 mars 1796, et sa mort, en achevant

la désorganisation des quelques bandes qui
tenaient encore la campagne, amena la fin de la
guerre.

CHAPITRE XVI.

Henri de La Rochejaquelein, tué, comme nous venons de le voir, sur la route de Nuaillé à Cholet (1), fut aussitôt enterré. Une colonne ennemie arrivait ; il était urgent de mettre son corps à l'abri de toute profanation. Afin de le rendre méconnaissable, on mit à son chapeau une cocarde tricolore, et le meurtrier fut placé à côté de sa victime. Les témoins promirent le secret ; on voulait que ce nom, si aimé et si redouté, servit encore, et pour rallier les Vendéens, et pour effrayer les Bleus.

Selon une version qui paraît probable (2), Henri ne fut pas enterré à l'endroit où il avait été tué, qui serait le pré de la Brissonnière, mais à quelques centaines de mètres de là, dans

(1) Voir l'acte de décès, pièces justificatives nᵒ IV.

(2) Voir appendice, note XIJ, le récit de l'abbé Deniau.

le champ de la Haie-Bureau, à côté de l'endroit
où le grenadier avait été sabré.

En mars 1816, Mademoiselle Louise de
La Rochejaquelein (1), désirant retrouver le
corps de son frère, vint à Cholet et dirigea les
recherches. Après avoir entendu les dépositions
des gens du pays, on fouilla dans la partie indi-
quée du champ de la Haie-Bureau, et on finit par
trouver, au milieu d'ossements, un crâne, dont
les blessures répondaient absolument à celles
reçues par Henri de La Rochejaquelein (2). Ces
précieux restes, réunis dans un cercueil, furent
placés sur un char funèbre. Les tambours voilés
battirent aux champs et les Vendéens, heureux
de leur succès, ramenèrent à Cholet, au milieu
d'une foule émue et recueillie, celui qui, si souvent, y était entré triomphant à la tête de ses
troupes.

Les ossements furent placés provisoirement
sous l'autel Saint-Sébastien, dans l'église de

(1) Voir appendice, note XIII, une lettre de M. Turpault à la
marquise de La Rochejaquelein.

(2) Voir, pièces justificatives n° V, l'acte d'exhumation conte-
nant les dépositions des témoins.

ALTARE
PRIVILEGII
IOSEPH
LECCE
FR IOSEPH
DE ROMANO
PAX

Saint-Pierre, et, l'année suivante, le 7 mai 1817 (1), après une cérémonie pendant laquelle l'abbé Jagault prononça l'oraison funèbre (2), les anciens soldats de la grande guerre transportèrent leur général dans le caveau de famille, à Saint-Aubin-de-Baubigné , où Louis de La Rochejaquelein , tué glorieusement aux Mathes, en 1815, venait d'être placé.

En décembre 1857, les corps des généraux vendéens furent transportés dans la nouvelle église, une chapelle spéciale y ayant été construite. Cette chapelle, agrandie et magnifiquement décorée en 1883, contient un monument en marbre blanc sur lequel sont inscrits, en lettres d'or, les noms de ceux qui ont illustré la famille : Henri de La Rochejaquelein, Louis de La Rochejaquelein, Lescure, Donnissan.

(1) Voir appendice, note XIV, une lettre de M. Turpault à la marquise de La Rochejaquelein, et, pièces justificatives, n° VI, le procès-verbal de la translation.

(2) Voir, appendice, notes XV, XVI et XVII, les récits de M. Turpault, de la Quotidienne, et la lettre de M. Jagault.

APPENDICE

I *

La famille de Henri de La Rochejaquelein
au moment de la Révolution.

Le marquis de La Rochejaquelein, père de Henri, fut
fait Maréchal de camp par Louis XVI, le 21 septembre
1788. Lorsqu'il n'était pas à l'armée, il habitait la Durbelière avec sa femme, née de Caumont. Il avait deux
sœurs, l'une non mariée, Mademoiselle de La Rochejaquelein (Anne-Henriette), et l'autre religieuse, Madame
Saint-Augustin (Sophie-Marie-Agathe).

Le marquis et la marquise avaient sept enfants :

Constance, mariée à M. de Guerry ; Henri, Annette (1),
Louis (2) et Louise étaient nés à la Durbelière, dans la
tour carrée à droite, du côté du parterre. Auguste (3)
naquit au château du Petit-Mitteau, paroisse de la
Jaudonnière, chez la marquise de Grignon, où sa mère
était allée pour fuir une épidémie ; Lucie (4) fut la

* Pages 17, 29.

(1) Qui devint Mme de Beaucorps.

(2) Qui épousa Victoire de Donnissan, veuve du marquis
de Lescure.

(3) Qui épousa Félicie de Duras, veuve du prince de Talmond,
fils de celui qui avait fait la guerre.

(4) Elle épousa le comte de Rieux-Songy.

dernière. La marquise de La Rochejaquelein nourrissait elle-même ses enfants ; mais comme, en même temps, elle chassait à cheval avec son mari, un domestique lui apportait l'enfant au rendez-vous.

La Durbelière était une belle demeure féodale entourée de douves tenues toujours à niveau par deux étangs superposés. Un parterre s'étendait au midi et rejoignait les deux allées de tilleuls qui bordent le grand étang. Un manège était installé dans les servitudes. Les enfants avaient une grande liberté, grimpant à tous les arbres, sautant sur les premiers chevaux qu'ils trouvaient dans le pré. Les réunions étaient pleines de cordialité, on arrivait à toute heure, en quelque nombre que ce fut, la table était toujours dressée et servie avec abondance, mais sans recherche. Les domestiques étaient nombreux et faisaient partie de la famille ; ils restaient mariés et leurs enfants grandissaient avec ceux de la maison.

Bonin, domestique de Henri, avait à la Durbelière sa femme et sa fille. Pendant la guerre, Bonin suivit son maître sans jamais le quitter, et pour ne pas abandonner son enfant il était obligé de l'attacher derrière lui à sa selle. Un jour dans le tumulte, c'était au moment du passage de la Loire, l'enfant fut égarée ; Henri la trouva, la prit dans ses bras en lui disant : « non je ne t'abandonnerai pas. » La bonté était le caractère distinctif des La Rochejaquelein.

Mademoiselle de La Rochejaquelein fit construire le Rabot, grande maison située dans le bourg de Saint-Aubin, et s'y établit, afin de se rapprocher de l'église. Elle recueillait pauvres, enfants, vieillards ; lorsque les lits manquaient, on couchait les enfants dans les tiroirs des commodes. Elle était aidée dans ses bonnes œuvres par Mademoiselle de Sarode, fille d'un gentilhomme verrier.

(Souvenirs de famille).

II *

**Extraits de « Mes souvenirs sur ma famille »
par Anne-Henriette du Vergier.**

(Archives de la Durbelière).

16 décembre 1791. — Départ de mon frère et de sa famille et de son gendre et de ses enfants.

Août 1792. — On brûle au district. Bataille à Bressuire.

Mars 1793. — Commencement de la guerre de la Vendée je passe huit jours à la petite Guionière.

Fêtes de Pâques. — Henry, mon neveu, et M. de la Cassaigne vinrent de Clisson à la Durbelière.

16 avril 1793. — Prise des Aubiers par Henry ; Argenton, Bressuire, Thouars pris ensuite par les royalistes. Feu mis à la Durbelière, pillage.

* Pages 32, 251.

5 juillet. — Prise de Châtillon par les Républicains.

7 juillet. — Reprise de Châtillon par les Royalistes.

Dans l'été le conseil supérieur à Châtillon.

Les premiers jours d'octobre 1793, prise de Châtillon par les Républicains et reprise par les Royalistes. Le lendemain. les Royalistes se retirèrent à Cholet. Feu mis de suite partout.

A la même époque, je me retire dans les villages des Echaubrognes et d'Yzernay.

18 octobre 1793. — Passage des troupes royalistes au delà de la Loire. En passant la Loire on donna la liberté à tous les prisonniers républicains qui se révoltèrent de suite. Après bien des victoires et deux batailles perdues, les royalistes revinrent du Mans en grand désordre.

Henry, mon neveu, repassa la Loire avec une centaine d'hommes pour reconnaître le local ; au bruit du canon il fut abandonné de tous, même des bateliers, et revint au pays seulement avec trois.

A Noël 1793. — Henry me vint voir à Boisvert de Combrand. Après la dernière fête, il revint à la Durbelière dont il fut obligé de fuir. les Républicains ayant encore brûlé et achevé d'enlever les domestiques et les bestiaux. Henry voyant ne rien gagner leva d'autres troupes. mais le 6 février, à la poursuite de cinq à six hommes, il fut tué près Chanteloup, en Anjou, par un qui fut tué aussi.

Le 1er mars 1794. — La troupe commandée par M. Stofflet vint à Saint-Aubin pendant quelques jours et les prêtres cachés reprirent leurs fonctions librement.

Le 5 mars. — Les Royalistes furent poursuivis de Saint-Aubin jusqu'à la forêt de Vezins. Il y eut de grands massacres dans le camp qu'ils firent (les républicains), aux Ouleries. Ils furent ensuite battus par les Royalistes à la Sevrie et à Argenton.

En 1795. — La première pacification eut lieu après nous avoir donné des alertes qui nous avaient fait fuir.

26 janvier 1796. — Nous nous retirons à la Durbelière, où je couche près de huit mois chez le jardinier, dans des toits à cochons.

III *

Prières composées au moment de la guerre.

(Archives de Clisson)

Mon Dieu, qui nous frappez pour nos crimes, mais qui ne rejetez pas le cœur contrit et humilié, daignez nous pardonner, pour l'amour de Jésus-Christ qui a souffert pour nous. Arrêtez en sa faveur vos châtiments. Nous

* Page 6.

vous offrons par ses mérites, en satisfaction de nos péchés et de ceux de tout le royaume, les maux et les misères qui nous accablent. Nous voulons les recevoir avec soumission et résignation, nous regardant comme des criminels qui attendent leur jugement, nous prenons la résolution de nous préparer par la confession et la communion pour être, par les sacrements, plus disposés à tout ce qu'il vous plaira ordonner de nous, nous remettant totalement entre vos mains. Mais permettez que nous vous demandions, Seigneur, de ne nous pas priver de nos pasteurs qui nous conduisent à vous. Vous pouvez tout, mon Dieu, changez nos cœurs endurcis. Convertissez nous tous à vous, rendez-nous la paix, faites-nous pratiquer le bien avec le secours de votre grâce, hors de laquelle nous ne pouvons rien faire de méritoire pour le salut et avec laquelle vous voudrez, Seigneur, nous réunir tous à vous pour l'éternité.

Ainsi soit-il.

O cœurs sacrés de Jésus et de Marie, qui, par un amour immense, avez donné vos cœurs pour être notre asile et notre refuge dans les afflictions, exaucez, s'il vous plait, les gémissements et les soupirs que nous poussons vers vous. Prenez compassion de nous, protégez-nous, défendez-nous. Vous êtes toute notre espérance, notre force, notre persévérance, rendez-vous le

maître absolu de tous les cœurs pour le temps et pour
l'éternité.

Ainsi soit-il.

IV *

La Rochejaquelein à Maulévrier.

(L'abbé Deniau, t. I, p. 426-427 d'après le témoignage
de Louis Brard, présent à Maulévrier).

« De Saint-Aubin, il s'était dirigé avec une quarantaine de ses métayers vers Maulévrier et Cholet, dans le
dessein de rejoindre l'armée d'Anjou. Mais lorsqu'il fut
à moitié route entre ces deux villes, on vint lui dire que
cette armée était en pleine retraite, qu'il ne lui restait
que deux livres de poudre et que, faute de munitions,
elle allait se disperser. En même temps un de ses métayers accourait lui annoncer que les Républicains étaient
sortis de Bressuire, et qu'ils venaient d'envahir les
Aubiers. Un instant il ne sut que faire, mais, dans la
pensée que, s'il pouvait réussir à arrêter la dernière
armée envahissante et à s'emparer de ses munitions,
il procurerait à ses frères d'armes les moyens de se
ravitailler et sauverait l'insurrection de sa ruine, il
n'hésite plus : « Suivez-moi, dit-il à ceux qui l'accom-
pagnaient, et retournons promptement à Maulévrier. »
La plupart ne font point attention à son commandement

* Page 31.

et poursuivent leur route. Cependant quelqu'un observe qu'il est le fils de M. de La Rochejaquelein, c'est une bonne recommandation, mais cela ne suffit pas, reprend-on. Néanmoins tous se ravisent et le rejoignent à sa rentrée dans Maulévrier. Henri de La Rochejaquelein trouve dans cette ville une notable partie de l'armée de Stofflet, qui avait été battue à Coron ; il la harangue pour l'engager à le suivre, mais les paysans, tout en constatant l'urgence de sa résolution, refusent en grand nombre de marcher sous ses ordres : « C'est un enfant, disaient-ils, quelle confiance peut-il nous inspirer ? » Déconcerté par cet abandon et désolé de la méfiance qu'on lui témoigne, il retourne à Saint-Aubin. »

V [*]

Fontenay.

Lettre de Chevalier, canonnier de la paroisse de
Saint-Hilaire-du-Bois à M. de La Rochejaquelein.
(Archives de Clisson).

« Dans la dernière affaire où nous fûmes à Fontenay, lors de la retraite, je me suis trouvé avec un autre près de M. de la Rochejaquelein aîné, qui était poursuivi par trois dragons qui étaient près de l'atteindre. Nous avons chacun tiré notre coup de fusil sur les dragons et les

---

[*] Page 58.

avons descendus. Le troisième a reployé, de manière
que nous avons sauvé la vie à M. de La Rochejaquelein
qui nous promit bien de se souvenir de nous. »

Signée par le maire Louis Guilbaut, qui atteste que
ces faits sont véritables.

Contresignée par le chevalier de Mesnard.

(Sans date).

VI *

Loudun.

Fragment du Bulletin officiel du Conseil supérieur
de la Vendée.

Du 1er août 1793. (Beauchamp, t. Ier,
pièce justificative n° XV, p. 415).

« Peu de jours auparavant, une division de notre
armée sous les ordres du général en chef, s'étant portée
sur Thouars, un détachement de cavalerie, commandé
par M. de La Rochejaquelein, s'en sépara pour avancer
jusqu'à Loudun. Il entra dans cette ville à trois heures
du matin, sans éprouver la moindre résistance, fit sept
gendarmes prisonniers, enleva la caisse du district,
brûla les prétendus décrets contenus dans ses archives,
et détruisit les marques extérieures du républica-
nisme. »

* Page 107.

19

VII

Bataille de Luçon.

L'abbé Deniau, dans son *Histoire* des Guerres de la Vendée, t. I, p. 391, prétend que La Rochejaquelein et Marigny, cédant à des susceptibilités personnelles, ne voulurent pas commencer le feu au moment où il l'aurait fallu ! Et pour avancer ce fait, il s'appuie sur le témoignage de Louis Humeau, simple soldat, témoin oculaire.

Comment admettre :

1° — Que le témoignage d'un simple soldat, qui peut avoir mal compris un ordre, qui surtout est absolument incapable d'apprécier dans son ensemble une bataille ou l'action d'un seul corps d'armée, soit valable !

2° — Que la marquise de La Rochejaquelein ne dise pas la vérité, lorsqu'elle dit que, Henri et Marigny, après *s'être égarés*, défendirent la retraite. Quel intérêt trouvait-elle à faire ce récit, quand il lui était si facile de ne rien dire. Est-il vraisemblable qu'elle n'eût pas été informée de la façon dont les choses s'étaient passées, son mari assistant à la bataille, et se trouvant elle-même, sans cesse, au milieu des généraux ?

3° — Enfin, comment peut-on suspecter La Rochejaquelein d'avoir laissé enfoncer l'armée en sa présence,

* Page 111.

quand il pouvait en empêcher ? On ne peut rien imaginer
de plus contraire à son caractère ; il n'était ni susceptible ni jaloux, et avait un courage bouillant et impétueux
qui ne ne lui aurait certainement pas permis de rester
simple spectateur d'un combat, à plus forte raison d'une
défaite.

VIII *

Segré.

(Grille, la Vendée en 1793, t. II, p. 366 et suivantes).

« A Segré, sur l'Oudon, entre Candé et Château-
Gontier, les Vendéens tinrent conseil et délibérèrent.....
La Rochejaquelein se recueille et vient le dernier. Il voudrait, lui, faire un coup de maître, profiter de l'enivre-
ment des Républicains après la conquête de la Vendée et
le passage de la Loire par l'armée royale : « Ils sont
divisés, ils sont en pleine marche, les uns à l'Est, les
autres à l'Ouest, dans un grand mépris de nos forces, et
à cent lieues de se douter que nous avons des moyens de
reprendre l'offensive et surtout de vaincre. Leur présomption fait leur péril. Ecoutez-moi, chers amis, se-
condez-moi, tombons par Bécon et la Maignanne sur

* Page 158.

Angers ; ne perdons pas un moment. Marchons la nuit avec les mieux montés et les plus braves ; arrivons aux portes avant le jour et je vous réponds, Messieurs, de la victoire. C'est ici comme à Thouars, ici comme à Saumur, l'audace fait le succès. Angers est à nous, si vous le voulez prendre ; le Château est à nous. Les Mayençais arrivent trop tard, et voyez notre position : à cheval sur toutes les rivières de Loire, de Maine, du Loir, de Sarthe, nous tenons et dominons la campagne, battons en détail toutes les colonnes, ressaisissons, par l'aide de Dieu, tout l'avantage et rentrons triomphants dans ce pays sacré où sont nos biens, nos espérances, nos joies ». (Grille prétend tenir ces détails de Scépeaux).

IX

Chanson manuscrite.

qui semble avoir été composée à la fin de 1793.

(Archives de Clisson).

Air de la Marseillaise.

Fiers habitants de la Vendée,
Vertueux et braves paysans,
Que la République enragée
Appelle du nom de Brigands, (bis)
Pour venger la foi qu'on outrage,
Le Roi, la Reine et leurs enfants,
Vous vous battez depuis longtemps,
Sans moyens que votre courage :

Redoublez vos efforts ;
Vous vous battez pour Dieu,
Frappez, frappez, le monde entier
Fixe sur vous les yeux.

Vous avez commencé la guerre,
N'étant armés que de bâtons,
Bientôt vous n'avez su que faire
De tous vos fusils et canons (*bis*)
Vous faites rougir les puissances
De vous refuser leurs secours ;
Et votre gloire, pour toujours,
Egalera votre vaillance.
    Redoublez vos efforts, etc.

Votre douceur, votre clémence
Devaient vous gagner tous les cœurs ;
Mais les Français dans leur démence
N'étaient pas dignes des vainqueurs. (*bis*)
Jusqu'aux enfants tout est victime,
Tout périt sous le feu des Bleus ;
N'épargnez plus ces malheureux,
Leur laisser la vie est un crime.
    Redoublez vos efforts, etc.

Héros qui perdites la vie,
Servant d'exemples à vos soldats,
Bonchamps, Lescure, la patrie
A jamais vous regrettera. (*bis*)
Idolâtrés dans vos armées,
Pleins de talents et de valeur,
Vous pérîtes par trop d'ardeur,
Soldats, vengez leur destinée.
    Redoublez vos efforts, etc.

O toi, surnommé, l'intrépide,
Jeune La Rochejaquelein,

Au combat sois toujours leur guide ;
Tu tiens la victoire en tes mains. (*bis*)
Egale Charette en prudence,
Autant qu'il t'égale en valeur,
Vos noms seuls portent la terreur
Aux cruels tyrans de la France.
        Redoublez vos efforts, etc.

Vous dont toujours la renommée
A vanté les exploits fameux,
Bretons, offrez à la Vendée
Votre sang au lieu de vos vœux. (*bis*)
Quoi ? vous allez rester tranquilles,
Tout en admirant ces guerriers ?
Allez, partagez leurs lauriers,
Les vertus ne sont point stériles :

        Aux armes, fiers Bretons,
        Vous vous battez pour Dieu ;
        Marchez, frappez et méritez
        Le nom de vos aïeux.

X

Mort de Henri de La Rochejaquelein.

Le 18 février 1794, le commandant de la place
de Cholet au général en chef.

(Savary. t. III. p. 212).

« D'après la lettre d'hier, je me suis donné tous les
mouvements possibles pour me procurer des renseigne-
ments certains sur la mort de La Rochejaquelein, et
aujourd'hui je ne crois pas qu'il soit permis d'en douter.

* Page 270.

— Le lendemain de l'excursion des Brigands sur la
grande route de Saumur, où ils massacrèrent plusieurs
de nos volontaires qui rejoignaient, on a entendu dire à
des femmes de Trémentines : « Faut-il donc avoir perdu
un si bon général ! » Depuis, il n'a paru dans aucune
expédition et il eut été jaloux de se montrer à celle de
Cholet. Lorsqu'on a questionné les prisonniers sur leur
héros, ils ont gardé le silence. Mais j'ai des renseigne-
ments plus certains encore, les voici : un de mes espions,
qui ne m'a jamais trompé, est venu m'assurer que
La Rochejaquelein avait été tué le 9 pluviôse (28 janvier,,
sur le grand chemin, près de Nuaillé, à une lieue de
Cholet, en chargeant de nos volontaires ; qu'il avait reçu
une balle à la tempe droite, et qu'il devait être enterré
aux environs. J'y ai été faire des recherches qui ne m'ont
pas réussi. J'ai questionné de nouveau mon homme,
il m'a dit qu'il était sûr de la mort de La Rochejaquelein
comme de sa propre existence, qu'il en tenait tous les
détails de ceux qui y étaient ; qu'un de nos chasseurs,
se voyant pressé par La Rochejaquelein, s'était retourné
et lui avait tiré son coup de fusil ; qu'un nommé Loyseau,
de Trémentines, bras droit de son général, avait vengé la
mort de son maître et tué le chasseur ; qu'ils avaient de
suite enterré non loin de là leur mort et l'avaient mis nu,
de peur que nous puissions le reconnaître. Le même
espion m'avertit à l'instant qu'un nouveau rassemblement

de nuit est indiqué par une circulaire de Stofflet, sous
peine de mort contre ceux qui ne se rendraient pas au
bois de la petite Boissière, près Châtillon. Je vais en
faire part au général Huché afin qu'il prenne ses
dispositions. »

XI

Mémoires de M. Pauvert, de la Jubeaudière, p. 19.
(Archives de Clisson).

« Le *mardi* 25 janvier (1) l'armée sortit de la forêt et
rencontra sur la grande route, près de la Haie-Bureau,
un détachement de Républicains que l'on attaqua et à qui
l'on donna la déroute. M. Henri, poursuivant un grenadier, lui cria de se rendre ; le grenadier se retourna vers
le général et le tua d'une balle qu'il reçut au front : le
grenadier perdit la vie au même instant, par des cavaliers
qui suivaient leur général de près. Ces cavaliers étaient
Braud (de la Jubeaudière), meunier, Gaudin (de Saint-
Martin-de-Beaupréau), et Boissière (aussi de Beaupréau).
Ces cavaliers, ne voulant pas que leur général fût
reconnu par les Républicains, lui mirent sur la tête le
chapeau du grenadier qui l'avait tué, lui barbouillèrent
la figure de terre et le déshabillèrent. Pour lors,
M. Stofflet fit enlever le corps du général : dans la nuit

(1) Le mardi était le 28 et non le 25.

suivante, il le fit enterrer un peu plus bas, en disant au
quartier général que les scélérats ne pourraient le trouver.
Ensuite l'armée partit et se rendit à la Blanchardière de
Jallais, où Bérard, qui arrivait d'outre Loire, le sut et
vint se joindre à Stofflet. Celui-ci, voyant Bérard, lui
témoigna le désir qu'il avait [eu] de le voir, il lui dit aussi
qu'il venait de perdre ce qu'il avait de plus cher,
M. Henri. »

Version de l'abbé Deniau, t. IV, p. 211.

« .... Arrivé au pré de la métairie de la Brissonnière,
sur le bord de la route de Nuaillé à Cholet, il aperçoit,
à cent mètres environ devant lui, un grenadier d'une
taille gigantesque qui fuit à toutes jambes : « Arrête,
grenadier, lui crie-t-il, tu n'auras pas de mal. » Le grenadier s'arrête, fait demi-tour, et, abaissant son arme,
il marche à l'encontre de La Rochejaquelein. Henri
s'avance pour le désarmer. Les regards farouches et
menaçants du grenadier effrayent les quinze royalistes
qui suivent leur général : « Monsieur Henri, lui crient-
ils, défiez-vous, il va vous tuer. » — « Mais non, répond
le jeune héros, il se rend ; » et il continue de s'approcher
du Bleu qui vient à lui. « Général, général, crient encore
plus fort les royalistes, dont la frayeur redouble, il va
vous tuer. » — « Mais non, encore une fois, leur

répond-il, il se rend. » Le grenadier, qui n'est plus qu'à quelques pas de La Rochejaquelein, relève son fusil, fait feu et lui fracasse le front. »

(Ce récit a été fait à l'abbé Deniau par Jacques Bouchet, un de ceux qui tuèrent le grenadier à deux cents mètres de là).

Mémoires de Renée Bordereau, dite Langevin, rédigés par elle-même (1814), page 17.

« Un républicain restant de quinze qu'on avait tués, se voyant pris, lui enleva (à La Rochejaquelein) le crâne d'un coup de fusil, à dix pas. Toute l'armée fut en deuil et chacun l'a pleuré comme son père. L'on cacha long-temps sa mort, disant qu'il était caché et blessé. »

Johanet, *La Vendée à trois époques*, t. I, p. 293.

« J'ai surtout trouvé dans le manuscrit de M. Delaunay, l'un des plus dévoués soldats de La Rochejaquelein, des détails dont je m'empare avec bonheur

« Cinq minutes après cet affreux événement, Stofflet survint et trouva la victime étendue aux pieds de son meurtrier. Baugé et quelques autres, maîtrisant leur fureur, étaient occupés à creuser une fosse ; car l'ennemi approchait et il fallait, avant tout, préserver de si nobles restes de ses profanations. A cet aspect, Stofflet *pleura comme un enfant*, dit M. Delaunay ; puis, se précipitant vers les grenadiers : « Qui de vous a tué notre généralissime, s'écria-t-il d'une voix saccadée? — Moi, répliqua froidement le meurtrier... » Au même instant, Stofflet lui fendit la tête d'un coup de sabre, et il ordonna que son corps fût jeté auprès de celui d'Henri. Le second grenadier fut épargné, la mort du généralissime ne lui enlevait pas le pardon qui avait été le dernier mot du héros, elle le ratifiait, au contraire, et prouvait une fois de plus la générosité du caractère vendéen. »

XII *

Abbé Deniau, Histoire de la guerre de la Vendée,
t. IV, p. 213-214.

« A peine ceux qui accoururent au secours de La Rochejaquelein eurent-ils constaté sa mort, qu'ils s'empressèrent, pour le dérober aux regards de leurs camarades, que cette perte pouvait décourager, de le porter un peu à l'écart. Quand Jacques Bouchet revint (de sabrer le grenadier) sur ses pas pour pleurer auprès du cadavre de son général, ils l'avaient déjà enlevé du lieu où il était tombé. Comme ils n'avaient aucun instrument pour creuser une fosse (car les habitants des fermes voisines étaient en fuite), l'un d'eux courut en chercher

* Page 277.

à la Boulinière, métairie écartée dans les terres à la distance d'un kilomètre, et ils chargèrent le fermier, nommé Girard, de faire lui-même l'inhumation, remettant à des jours meilleurs le soin de lui rendre les honneurs qu'il méritait. Girard enterra d'abord le général dans le pré de la Brissonnière, à l'endroit où on l'avait transporté ; réfléchissant que les Républicains pouvaient venir l'exhumer et insulter à son cadavre, il le déterra, et alla le déposer dans une seconde fosse qu'il fit au milieu d'une haie voisine. Ne le voyant pas encore assez en sûreté dans ce nouvel endroit, il l'en retira aussitôt et le transporta à deux cents mètres plus loin, au-delà de la Haie de Bureau, dans un petit pré, sous un pommier, à quelques pas du lieu où le grenadier républicain avait été sabré par Jacques Bouchet et ses camarades. Il enferma le général et son meurtrier dans une même fosse, afin que, si les Bleus venaient à l'ouvrir, la vue de l'uniforme républicain arrêtât leurs investigations. »

XIII

Cholet, le 29 mars 1816.

Le maire de la ville de Cholet à Madame la marquise de La Rochejaquelein.

Madame,

Il restait, particulièrement aux vieux Vendéens, un devoir bien cher à remplir, celui de retrouver les restes

* Page 278.

d'un de leurs plus illustres chefs, Monsieur Henri
de La Rochejaquelein, de leur faire les honneurs qu'ils
méritent, et enfin de les rendre à une famille dont le nom
fait, de plus en plus et avec raison, l'orgueil de la
Vendée.

Nous pouvons l'assurer, ils sont enfin retrouvés, les
précieux restes de celui qu'on a eu raison d'appeler notre
idole, dont le souvenir et le regret ne s'effaceront jamais
de notre pensée. Ils reposent, en ce moment, dans un lieu
sûr et saint.

Ayant eu l'honneur de servir sous ses ordres dès l'âge
de quinze ans, les fonctions que je remplis en ce moment
n'ont pu qu'ajouter au désir, que j'ai toujours eu, de
découvrir le lieu qui semblait jaloux de garder sa
dépouille mortelle : elles m'en imposaient le devoir plus
qu'à un autre. J'ai donc dû faire tout le possible pour
cela, à l'aide de mademoiselle Louise, j'ai eu le bonheur
d'y réussir et je m'empresse de vous transmettre copie
du procès-verbal que j'en ai dressé, comme elle m'en a
chargé (1). Il ne contient que la vérité. Je ne doute
point, Madame, que bientôt vous ne fassiez réunir les
cendres des deux héros dont la perte nous a si profondément affligés, et dont la mémoire nous sera toujours si

______

(1) Voir ce procès-verbal, pièces justificatives n° V.

chère. Je m'estimerai heureux de recevoir les ordres que vous jugerez convenable de me donner à cet égard.

Veuillez agréer l'hommage, etc.

Signé :

TURPAULT fils aîné.

(Archives de Clisson).

XIV *

Cholet, le 10 mai 1817.

Le Maire de la ville de Cholet à Madame la marquise de La Rochejaquelein.

Madame,

J'ai eu l'honneur de vous faire passer dans le temps la copie du procès-verbal de l'exhumation des restes de notre illustre généralissime, Monsieur Henri de La Rochejaquelein, et de leur translation dans l'église Saint-Pierre de cette ville.

Nous eussions désiré pouvoir conserver un si précieux dépôt. Cependant il était tout naturel qu'il fût réuni à un autre non moins précieux . . . .

. . . .

Vous aviez fixé au 7 de ce mois, l'époque de cette triste cérémonie ; l'annonce qui en a été faite a excité, dans toute la Vendée, le plus noble et le plus touchant

* Page 279.

intérêt. On a vu, de toutes les parties de cette fidèle contrée, accourir partout les témoins des glorieux faits du bon et valeureux Henri et répandre, sur sa tombe, des pleurs dont la source ne peut pas tarir, puisque sa mémoire sera éternelle.

Vous trouverez ci-joint, Madame, la copie du procès-verbal de ce qui a eu lieu ici les 6 et 7 de ce mois, faisant suite à celui que j'ai eu l'honneur de vous adresser, le 29 mars, de l'année dernière (1).

D'après l'autorisation de Mademoiselle Louise, je vous fais passer aussi une notice des cérémonies qui ont eu lieu à cette occasion, et pareille à celle que je vais faire insérer dans le journal de notre département. Nous désirons que ceux de la Capitale disent à tous les Français, que ce que nous avons pu faire pour honorer la mémoire de notre héros, est infiniment au-dessous de ce que nous aurions désiré, et qu'ils expriment les senti-ments dont nous sommes pénétrés pour lui, comme pour votre illustre famille, dont le nom, je le répète, fera à jamais l'orgueil comme l'espoir de la Vendée . .   .   .

.   .   .   .

Signé :

Turpault fils aîné.

(Archives de Clisson).

(1) Voir pièces justificatives n° VI.

XV [*]

Cholet, le 8 mai 1817.

On a célébré hier, dans l'église de Saint-Pierre de cette ville, un service funèbre pour Monsieur Henri de La Rochejaquelein, généralissime des armées vendéennes.

Depuis le 28 mai 1816, cette ville possédait les précieux restes de ce jeune héros, si digne de son admiration et de ses regrets. L'exhumation s'en était faite, d'après l'autorisation de M. le préfet de Maine-et-Loire, en présence de M. Turpault, maire de la ville de Cholet, de plusieurs médecins et chirurgiens, et d'un grand nombre de personnes, qui s'étaient rendues spontanément au lieu désigné pour cette triste et lugubre recherche. Après l'audition des témoins et les dispositions préliminaires, on était parvenu à retrouver les ossements dont la grandeur et la consistance répondaient à l'âge et à la taille de ce général ; la tête, surtout, portait encore distinctement la marque de la blessure qu'il avait reçue en présence même de plusieurs des assistants, et s'accordait parfaitement avec les dépositions. On était de plus secondé dans les recherches par la tradition constante et générale, que M. de La Rochejaquelein avait été tué sur tel point et inhumé dans tel autre, sur le côté de la route.

[*] Page 279.

Souvent le voyageur attendri, en approchant de ce lieu vénérable, sentait son cœur agité et ne s'éloignait qu'en versant des larmes sur le sort de ce guerrier que la mort avait moissonné au printemps de son âge. Tous les Vendéens se proposaient bien de venir, dans un temps favorable, redemander à la terre le trésor de leur affection. C'est donc sur ces indices, et d'après les preuves les plus satisfaisantes d'identité, qu'on avait transporté à Cholet les restes de M. de La Rochejaquelein ; ils avaient été déposés sous l'autel de Saint-Sébastien, dans l'église de Saint-Pierre, pour y être conservés jusqu'au jour où on devait leur rendre des honneurs plus solennels. On ne peut rien voir de plus touchant, de plus grave, que la cérémonie qui a eu lieu le 7 de ce mois. Dès la veille on vit arriver un grand nombre de personnes de distinction qui se rendaient avec empressement à cette cérémonie, le soir, à 7 heures, M. le Maire avait fait retirer les ossements de la bière où ils étaient, et les avait fait placer dans un cercueil de fer-blanc sur lequel était attachée une plaque de cuivre portant une inscription en ces termes : « Henri de La Rochejaquelein, né le 30 août 1772, tué le 9 février 1794 ».

Le 7, à 9 heures du matin, les autorités civiles et les différents corps se sont réunis chez M. le président du tribunal de commerce, pour se rendre ensuite chez M. le maire, où M. le comte de La Rochejaquelein et sa famille étaient logés. Immédiatement après, le cortège est parti, dans l'ordre suivant : M. le comte de La Rochejaquelein et la famille ; ensuite, M. le lieutenant général de Sapinaud ; MM. les sous-préfets de Beaupréau et de Parthenay ; M. le président du tribunal de première instance ; M. le président du tribunal de commerce ; M. le maire de Cholet et le corps municipal ; les membres des tribunaux de première instance de Beaupréau et Bressuire ; ceux du tribunal de commerce de Cholet ; le juge ; le juge de paix, le commissaire de police et tous les fonctionnaires publics ; une grande quantité d'officiers de l'armée royale vendéenne ; M. le capitaine de gendarmerie Royale ; les officiers en retraite et en non-activité résidant à Cholet. La gendarmerie royale, brigades d'Angers, Beaupréau, Cholet et plusieurs autres de l'arrondissement et des arrondissements voisins, ainsi que la garde nationale de Cholet, étaient sous les armes.

On est arrivé à l'église au milieu d'un grand concours de peuple, sans qu'il en résultât le moindre désordre, par les sages précautions qui avaient été prises pour maintenir le calme et la décence. Le cercueil était déposé sous un catafalque dressé avec beaucoup d'élégance et de dignité, et qui était orné des armes du défunt et de plusieurs inscriptions analogues à la circonstance, dictées par le sentiment et la vérité.

1re *façade du catafalque :*

Quomodo cecidit potens,
qui salvum faciebat Israël ?

Côté gauche :

Ce héros qui sut vous défendre
Mourut sans crainte et sans effroi ;
Il eut la valeur d'Alexandre
La piété de Godefroi.

Devant l'autel :

Deus præcinxit me virtute
et posuit immaculatam viam meam.

Côté droit :

Il fut modeste dans la gloire ;
La bonté régnait dans son cœur :
Il usa bien de la victoire,
Mais il prodigua sa valeur.

Inscription à la grande porte de l'église :

Dominus, fortitudo plebis suæ.

Chiffre :

Ingreditur sine maculâ.
Les honneurs qu'on rend aux héros
    sont un hommage à tous les braves.

L'église était tendue de noir dans l'intérieur, et offrait
partout les attributs de la mort et de la douleur. Un

clergé très nombreux, réuni de tous les points de la
Vendée, ajoutait encore, par son zèle et son recueille-
ment, à la majesté de ce spectacle touchant et religieux.

M. Jagault, ancien secrétaire du Conseil supérieur de
Châtillon, a prononcé l'oraison funèbre. Ce discours,
éloquent et pathétique, a justifié pleinement l'idée avantageuse que l'on avait de ses talents. L'orateur a pénétré
l'auditoire des sentiments de la plus tendre piété ; il a
prouvé d'une manière évidente qu'il connaissait tous les
détails de la vie du héros, et qu'il n'avait oublié aucun
des événements mémorables de la guerre de la Vendée.
On a admiré son exactitude et son impartialité dans
l'éloge qu'il a fait de tous les généraux et des personnes
recommandables qui se sont sacrifiées, si généreusement,
pour la cause du roi et de la religion. Il a parlé comme
le véritable ministre d'un Dieu de paix.

Qu'il eut été difficile de rester insensible à l'aspect
d'une réunion qui pouvait, tout naturellement, exciter
dans les cœurs les plus tendres émotions ! Qui n'aurait
pas gémi, en voyant plongée dans l'abattement et l'amer-
tume une famille si illustre, qui retrouvait, parmi d'anciens souvenirs, un nouvel aliment à la douleur sans
borne, que doit lui causer des malheurs irréparables encore récents ! Car ne dirait-on pas que le destin, jaloux
de la gloire trop méritée de la maison de La Rochejaquelein, a voulu lui faire éprouver tous les désastres qui

semblent réservés, ici-bas, aux vertus les plus rares ?
Comment retenir ses larmes, en voyant cet accord parfait
de tout un peuple réuni pour honorer la mémoire du plus
vaillant des héros, qui dès l'âge le plus tendre avait,
par ses qualités personnelles, plus encore que par sa
naissance et son dévouement, réuni les suffrages que l'on
n'accorde qu'à la maturité ! Qu'ils étaient délicieux, ces
sentiments de respect et de reconnaissance, que faisaient
éprouver tous ces guerriers couverts de blessures pour
la défense de leurs frères et de la patrie, et qui re-
grettaient noblement, dans le jeune Henri de La Rochejaquelein, leur ami et leur compagnon d'armes !

Après l'office, le cercueil a été placé sur un corbillard,
orné des inscriptions suivantes :

> Noble et franc chevalier il défendit son roi,
> Il vécut sans reproche et mourut pour la foi.

> Son nom pur et sans tache appartient à l'histoire,
> Et la France à jamais conserve sa mémoire.

Le cortège s'est mis en marche pour l'accompagner
jusqu'aux extrémités de la ville, sur la route de Maulévrier. C'est alors qu'on a pu juger combien l'affluence
était grande, et quel effet produisait la réunion de tout
ce que l'attachement avait suggéré pour donner de l'éclat
à cette cérémonie lugubre.

Après plusieurs décharges de mousqueterie et les honneurs accoutumés, Monsieur le comte de La Roche-jaquelein a fait ses remerciements d'un air affable et gracieux et a continué, ainsi que sa famille, à escorter le convoi funèbre, suivi d'une foule de personnes.

Les dépouilles mortelles du général vendéen ont dû être déposées à Saint-Aubin-Baubigné, dans un tombeau où son illustre frère, mort au champ d'honneur pendant les Cent-Jours, l'a déjà précédé.

Mardi, au matin, veille de la cérémonie, la famille de La Rochejaquelein a fait faire, chez M. Turpault, une distribution de pain fort abondante à tous les pauvres du bureau de bienfaisance ; et le produit de la quête, qui a eu lieu pendant le service, a pu soulager un très grand nombre d'indigents.

(Récit envoyé par M. Turpault à la marquise de La Rochejaquelein, et publié par le journal de Maine-et-Loire, numéro du 14 mai 1817.)

(Archives de Clisson).

XVI

Analyse de l'Oraison funèbre de Henri de La Rochejaquelein, 7 mai 1817.

La Quotidienne du vendredi 16 mai 1817.

« M. l'abbé Jagault a prononcé l'oraison funèbre. Qui pouvait retracer avec plus de vérité les travaux et les

exploits du guerrier, que celui qui avait partagé tous les
périls, et qui, premier secrétaire-général du Conseil
supérieur, associé dès le principe à la noble ligue de la
fidélité, avait pris part à toutes les opérations qu'il avait
souvent même dirigées avec éclat ?

« Les talents de l'orateur étaient connus de la plupart
de ses auditeurs ; mais en rappelant des malheurs
quorum pars magna fuit et devant un peuple encore
tout plein du souvenir de tant de glorieux mais funestes
évènements, il dut exciter, et il excita en effet, des
sentiments qu'il ne peut être donné à l'éloquence seule
de faire naître.

« Il a peint, avec une énergie touchante, le dévouement et la simplicité de tous ces chefs vendéens qui,
consacrant leur fortune entière à l'entretien de l'armée,
mangeaient le pain du soldat, couchaient comme lui
sur la dure et combattaient toujours en tête de leurs
colonnes ; le désintéressement et la piété de ces bons et
braves habitants qui offraient avec leur vie, tout ce qu'ils
possédaient, en faisaient le sacrifice sans regret, triom-
phaient sans ostentation, et périssaient sans murmure.

« Après avoir payé un juste tribut d'éloges à tant de
glorieux martyrs de l'honneur et de la foi, il a représenté
le jeune Henri, à qui l'armée entière avait appliqué la
devise de chevalier sans peur et sans reproche, inébranlable au sein des plus grands désastres, et supérieur à

toutes les calamités ; mettant sa confiance en Dieu, et ne prenant pour lui-même conseil que de son courage. Impétueux comme Achille, il dut trouver la mort qu'il affronta si souvent ; et de cette mort même, l'orateur a su tirer des motifs de consolation et de reconnaissance envers le Tout-Puissant.

Si l'on considère, en effet, à quels horribles maux la France était condamnée à cette fatale époque, que pouvait désirer un général vendéen, que de mourir au champ d'honneur ; et quel sort aurait été réservé au jeune Henri de La Rochejaquelein, autre que celui des d'Elbée et des Charette ? »

Lettre de M. Jagault à Mme la M^{ise} de La Rochejaquelein.

(Archives de Clisson).

Et moi aussi, Madame, je veux être heureux aujourd'hui, je veux avoir l'honneur de vous écrire pour vous entretenir de la cérémonie qui a eu lieu à Cholet, le 7 de ce mois. J'ai vu le rapport que vous en a fait M. de la Garde ; quoiqu'il soit exact et bien fait, je le trouve dépourvu de détails qui auraient pu vous intéresser.

Il ne vous parle point des sentiments des Vendéens, de ces anciens compagnons d'armes de M. Henri, qui, encore fiers d'avoir combattu sous ses ordres, allaient, racontant à tout le monde, les hauts faits de leur général, son humanité, son dévouement sans borne, son attachement aux habitants du pays. A Chemillé, disait l'un, un général républicain avait fait enlever et renfermer dans la ville toutes les femmes des environs avec le projet de les faire périr le lendemain. Nous fûmes en avertir M. de La Rochejaquelein qui seul s'avance jusque sous les murs, prend connaissance de la situation de la place, et dans la nuit les délivre à la tête d'une poignée de braves.

Nous mourions de faim, disait un autre, nulle possibilité de nous procurer du pain, M. Henri en avait un morceau dans lequel il mordait, notre position le touche, il se l'arrache de la bouche : « Mangez, nous dit-il, mes bons et infortunés amis, » et il s'éloigne en pleurant. Chacun avait à raconter des traits de ce genre. Tous les habitants de Cholet, quelle qu'ait été leur opinion politique, ont manifesté dans ce jour leur admiration pour lui. Pas un seul qui ne se montrât jaloux d'assister et de concourir à cette solennité. On fut obligé de mettre des gardes partout pour empêcher la foule, l'église n'était point assez vaste pour contenir tous ceux qui s'y étaient rendus. J'ai vu chez M. le curé de Saint-Pierre au moins quarante ecclésiastiques, dont la plupart s'étaient trouvés engagés dans cette guerre. Tous parlaient avec émotion de ce que M. Henri avait fait pour eux et pour l'armée, plusieurs reconnaissaient lui devoir la vie. Dans cette immense réunion, chose bien étonnante, il ne s'est pas dit une parole qui n'ait été l'éloge de celui qui en était l'objet.

Si ce n'était pas mon frère qui a prononcé l'oraison funèbre, je vous parlerais de la vive impression que son discours a fait, il a étonné tout le monde ; mais déjà vous en connaissez le plan, M. le procureur du roi vous en a fait passer l'analyse. Cependant, je ne tiens point au désir que j'ai de vous faire connaître le portait qu'il a fait de M. de Lescure :

« Lescure, a-t-il dit, dont on ne peut prononcer le nom sans réveiller le souvenir des plus hautes et des plus sublimes vertus, fut chargé de les commander (les paroisses des environs de Bressuire). Jamais on n'a eu plus d'intrépidité, plus de sang-froid dans les batailles. Jamais plus d'humanité dans la victoire. Sa vie était si céleste, qu'il semble que Dieu ne l'a précipité dans cette guerre que pour l'y montrer comme un modèle de la perfection à laquelle il élève ses saints ; aussi, après l'avoir laissé quelques jours briller de l'éclat que donne la victoire, il s'est hâté de l'envelopper des rayons de son éternelle lumière. »

Un autre morceau qui a encore produit un très grand effet, c'est le parallèle de M. de Bonchamps et de M. Henri. « Tous les deux étaient liés d'une amitié particulière et qui ne s'est jamais démentie depuis. Tous les deux se sont couverts de gloire sans jamais être rivaux.

Tous les deux avaient une âme forte et inébranlable. Si le marquis de Bonchamps connaissait l'art de la guerre, Henri de La Rochejaquelein l'avait deviné. Si Henri avait plus d'impétuosité dans les combats, Bonchamps n'avait pas moins de décision ; et l'expérience lui donnait dans le conseil une prépondérance que La Rochejaquelein aimait à reconnaître, quoique lui-même, par une illumination subite, vit presque toujours ce qu'il y avait de mieux à faire. Hélas ! tous les deux étaient destinés à périr par le feu de l'ennemi, après avoir donné l'un et l'autre un immortel exemple des nobles sentiments, qui doivent animer ceux que la Providence appelle à commander une guerre aussi sainte. »

Je voudrais pouvoir vous citer tout ce qui m'a frappé dans ce discours ; mais j'espère que la santé de mon frère une fois rétablie lui permettra de s'occuper de sa rédaction et qu'il vous le fera passer en entier. Peut-être pas tel qu'il l'a débité, car on n'est qu'une fois inspiré de même. Pas un seul auditeur qui n'ait regretté de n'être pas Vendéen.

Je suis bien flatté, Madame, de trouver cette occasion de me rappeler à l'honneur de votre souvenir et de vous prier d'agréer etc.

Signé : R. JAGAULT.

Ce 9 mai 1817.

XVII

Lettre de la comtesse de Songy à sa sœur, la comtesse de Beaucorps.

Saint-Aubin, 27 mai 1821.

« . . . . Mes sœurs et moi étions convenues de l'acheter (le terrain sur lequel Henri de La Rochejaquelein avait été tué). C'est M. Morisset qui en était propriétaire. Nous avons à peu près seize toises sur treize de terrain, y compris les fossés que j'ai fait faire larges et profonds. Il y a une haie très forte plantée tout autour en dedans des fossés, tout autour une double rangée de peupliers à six pieds les uns des autres, en avant du côté de la grande route de Cholet à Vezins, la seconde rangée est interrompue. Nous avons l'intention de placer, à l'endroit où il était déposé, une croix de marbre noir avec cette simple inscription : Ici fut déposé Henri de La Rochejaquelein, général en chef des armées vendéennes, né le . . . . tué en combattant pour Dieu et le Roi, priez pour lui. Mais en attendant, il n'y a dans ce moment qu'une croix de bois peinte en noir, de chaque côté de la croix un saule pleureur et en allée vis-à-vis, trois cyprès, de chaque côté presqu'en demi cercle un pin tombant, et au petit bassin derrière où il y a une source, plusieurs arbres verts, et quelques lauriers parsemés dans le reste du terrain. Je dois aller le revoir, ce triste lieu, dans quelques jours et je t'en donnerai ensuite un petit plan :

il y a des lys, des fleurs sauvages parmi. De l'autre côté
de la grande route, il y a une grande croix en pierre, on
y avait encadré un morceau de marbre avec une inscription presque semblable à l'autre, excepté ces mots : Ici
fut tué ; mais les scélérats, qui ne veulent même pas le
souvenir de la vertu, l'ont brisée, du moins l'inscription,
c'est ce qui nous a décidées à ne mettre dans l'enceinte
qu'une croix de bois, pour le premier moment, de peur
que la rage ne se porte aussi contre elle. »

Lettre communiquée par le
vicomte Maxime de Beaucorps.

M. le vicomte Maxime de Beaucorps nous communique au dernier moment deux lettres de la marquise de
La Rochejaquelein, mère de Henri, à sa fille Anne.

Dans la première, datée d'octobre 1793, elle dit qu'elle
attend impatiemment des nouvelles d'Henri qui joue un
grand rôle en Vendée. « Mon pauvre Henry, ajoute-t-elle,
quelle inquiétude il me cause !... Comme il nous est cher ! »

Dans la seconde, datée du 9 août 1795, elle dit : « Les
gazettes nous parlent de la perte que nous avons faite de
notre cher Henry. Mon Dieu ! Nous n'aurons donc pas la
satisfaction de lui témoigner combien sa conduite a été
précieuse pour moi..... que de mères affligées..... mais il
y en a peu qui pleurent un fils comme celui-là... »

PIÈCES JUSTIFICATIVES

I

ACTE DE BAPTÊME.

(Extrait des registres des baptêmes et mariages de la paroisse de Saint-Aubin de Baubigné pour l'année mil sept cent soixante-douze).

Le trente du mois d'août est né et a été baptisé : Henry, fils légitime de haut et puissant seigneur Henry-Louis-Auguste du Vergier, chevalier, écuyer, marquis de La Rochejaquelein, gueydon des gendarmes, et de haute et puissante dame Constance-Lucie-Bonne de Caumont, qui a été tenu sur les fonts du baptême par M. Jacques-Christophe-Félix Boutiller, au lieu et place de haut et puissant seigneur Armand-Henry-Hercule de Caumont, capitaine du régiment du Roy-infanterie, et par Mlle Marie-Jeanne le Clerc, au lieu et place de haute et puissante dame Hardouïne-Henriette Sidrac de Granges de Surgères, douairière et marquise de La Rochejaquelein.

Signé :

BOUTILLIER DE BEAUREGARD, LE CLERC, A. H. DU VERGIER. S. M. A. DU VERGIER. LA CASSAGNE SAINT-LAURENT. F. THO. O. HANNIN, rel^x prêtre. BRETHE, curé de Saint-Aubin de Baubigné.

II

Aux Tuileries, à Paris, le 30 novembre 1791.

J'ai l'honneur de vous informer, Monsieur, que le Roi vient de vous nommer à une des places d'officiers dans sa garde dont Sa Majesté a bien voulu me donner le commandement général. Je vous préviens, Monsieur, que vous êtes attaché au corps de cavalerie, sous les ordres de M. d'Hervilly, maréchal de camp.

Vous prendrez rang dans les lieutenants et sous-lieutenants d'après la date de votre commission et conformément au décret sur l'avancement.

Vous voudrez bien, Monsieur, m'accuser la réception de cette lettre et vous rendre à Paris le plus tôt possible.

Le commandant général de la garde du Roi.

Signé :

L. L. Timoléon de Cossé Brissac,

M. Larochejaquelein, sous lieut. au régt.
de Royal Pologne.

III

A Paris, le 15 décembre 1791.

M. de Brissac, Monsieur, commandant général de la garde du Roi, m'a informé que vous avez été nommé par Sa Majesté à un emploi d'officier dans sa garde et qu'il vous en avait donné avis. Rien ne s'oppose à ce que vous soyez rendu à votre nouvelle destination d'ici au premier janvier prochain, si vous êtes dans l'intention de profiter des dispositions de Sa Majesté en votre faveur.

Vous aurez soin, Monsieur, de me faire savoir au plus tôt le parti que vous aurez pris.

Le ministre de la Guerre.

Signé :

LOUIS DE NARBONNE.

M. de La Rochejaquelein, sous lieut.
dans le 5ᵐᵉ Régimt. de cavalerie.

(Archives de la Durbelière).

IV

ACTE DE DÉCÈS.

Le vingt-six fructidor. an dix de la République Française.

Par devant les notaires à la résidence de Châtillon, département des Deux-Sèvres, duement patentés soussignés.

Furent présents en personnes, Jean-Baptiste Charruault, instituteur ; Louis Morin, maréchal ; François Charrier, maréchal ; Joseph Charrier, aussi maréchal ; René Abélard, maçon ; Pierre Drouineau, cultivateur ; Jean Charrier, tailleur d'habits, demeurant tous au bourg et commune de Saint-Aubin de Beaubigné et René Guicheteau, tailleur d'habits demeurant au bourg et commune de Saint-Jouin de Châtillon-sur-Sèvre.

Lesquels ont par ces présentes certifié pour notoriété à qui il appartiendra avoir une parfaite connaissance de la mort du citoyen Henry Duvergier La Rochejaquelein, fils du citoyen Henry-Louis-Auguste Duvergier La Rochejaquelein et de dame Lucie - Bonne - Constance Caumont, âgé de vingt-et-un ans, arrivée par suite de la guerre de la Vendée, à Nuaillé, département de Maine-et-Loire, le dix-sept pluviose an deux (six février mil sept cent quatre-vingt-quatorze vieux style (1).

Dont acte fait et passé à Châtillon, étude de Chessé, un des notaires soussignés, le jour, l'an prédits, lû aux comparants qui ont signé.

La minute des Présents est signée :

> Louis Morin, maréchal ; François Charrier ; Jean-Joseph Charrier, Jean Charrier ; Jean-Baptiste Charruau ; Pierre Drouineau ; T. Abélard ; Guicheteau ; Bellink, notaire ; Chessé, notaire, auquel elle est demeurée.

---

(1) Les Vendéens ne voulant pas se servir des almanachs républicains, seuls en usage alors, confondaient mois et jours. De là les diverses dates attribuées à la mort de La Rochejaquelein.

Enregistré à Châtillon, le vingt-six fructidor an dix,
f° 99, v° c. 7. Reçu un franc dix centimes pour subvention.

Signé : GERBAUD.

BELLINK.

CHESSÉ,

Nous, maire de Châtillon-sur-Sèvre, certifions véritables les signatures de l'autre part des citoyens Chessé et
Bellink, notaires publics domiciliés en cette commune.

À la mairie, ce vingt-huit fructidor an dix de la
République Française.

BARBOT,

maire,

V

ACTE D'EXHUMATION.

Le vingt-huitième jour de mars mil huit cent seize,
nous Denis Hocborq, docteur médecin à Cholet ; Pierre-
Germain Chenay, chirurgien à Nueil ; Louis-Jean-Baptiste-Etienne-Baguenier Désormaux, chirurgien à Maulévrier, tous les deux chirurgiens majors des armées
royales de la Vendée, et René-Jean Terrien, chirurgien
à Trémentines, requis par Mademoiselle Louise du
Vergier de La Rochejaquelein, sœur de Monsieur Henri
du Vergier de La Rochejaquelein, généralissime et com-

mandant en chef l'armée royale de la Vendée, dite la
grande armée, nous sommes transportés à la métairie de
la Haie Bureau, commune de Cholet, à l'effet de pro-
céder à l'exhumation des restes de Monsieur Henri du
Vergier de La Rochejaquelein, tué à l'âge de 21 ans,
le . . février 1794, fils de feu Monsieur Henri-Louis-
Auguste du Vergier, marquis de La Rochejaquelein,
maréchal de camp, et de dame Constance-Bonne-Lucie
de Caumont, d'après l'autorisation de Monsieur le préfet
du département de Maine-et-Loire-, contenue en son
arrêté du 6 février 1816, et ce, en présence de Monsieur
François-Joseph-Paul Turpault, maire de la dite commune de Cholet.

Pour parvenir à découvrir le lieu où a été inhumé
mon dit sieur de La Rochejaquelein, M. le maire de
Cholet a entendu les déclarations des différents témoins
qui ont eu connaissance des circonstances de la mort et
de l'inhumation.

Le premier témoin, nommé Perrine Bernier, veuve
Roution, demeurant à la métairie de la Boulinière,
commune de Cholet, a dit qu'au moment du combat qui
eut lieu le . . . . février 1794, près de la métairie de la
Haie Bureau, elle se trouvait à la dite métairie de la
Boulinière d'où elle a vu très distinctement l'avant-garde
à cheval des Royalistes s'avancer par le champ des
Trembles ; qu'au même instant elle a entendu plusieurs

coups de fusils et qu'alors l'infanterie royaliste était à la métairie de la Brissonnière. Elle déclare en outre que feu Pierre Bernier, son frère, lui a assuré que Monsieur Henri de La Rochejaquelein avait été tué au moment même où elle avait vu les Royalistes dans les positions ci-dessus désignées et où elle avait entendu les coups de fusils. Laquelle déclaration elle a signée après lecture faite.

Signé : Perrine Bernier.

La déclaration ci-dessus a été confirmée par celle de Marie Mosset, veuve de Pierre Bernier, à qui son mari avait fait le même rapport qu'à Perrine Bernier.

Le second témoin, nommé Louis Fortin, métayer au Bois-d'Ouin commune de Cholet, a déclaré que, peu de jours après le . . . . . février 1794, le général Stofflet lui avait dit avoir fait enterrer Monsieur Henri de La Rochejaquelein, que Grégoire domestique de M. Stofflet. lui avait assuré, quelque temps après, qu'il avait été enterré auprès de plusieurs cerisiers près la Haie Bureau, ce que le dit Fortin a entendu répéter par beaucoup de personnes. Qu'il a souvent entendu dire que M. Henri de La Rochejaquelein avait reçu une balle dans le visage. Le dit Fortin a déclaré ne savoir signer.

Joseph Rotureau, métayer de la Haie Bureau, a indiqué l'endroit où il a abattu les cerisiers dont a parlé Fortin et qui existaient en 1794, ainsi qu'un poirier au pied duquel il était de notoriété publique que s'etait faite l'inhumation du corps de Monsieur Henri de La Roche-jaquelein.

Monsieur Chenay, chirurgien susdit, déclare que le jour du décès de Monsieur Henri du Vergier de La Ro-chejaquelein, il recueillit des dépositions de plusieurs témoins oculaires qui attestèrent que M. de La Roche-jaquelein avait reçu la blessure dont il est mort dans la tête ; que la balle était entrée par l'œil et avait défoncé le crâne. D'après les déclarations ci-dessus et d'autres concordantes, nous, médecin et chirurgien susdits, avons fait faire des fouilles dans les endroits indiqués, afin de parvenir à l'exhumation dont il s'agit et après plusieurs recherches, nous avons trouvé une tête à laquelle nous avons remarqué deux fractures qui nous ont paru avoir été faites par une arme à feu ; la première à la fosse orbitaire droite avec brisure de l'apophyse montante de l'os maxillaire supérieur du même côté, la seconde vers le milieu du pariétal droit, dont la table externe a été emportée ; passant ensuite à l'examen des autres os, nous avons reconnus deux fémurs, dont les apophyses sont détruites, un des os des iles du côté gauche, deux humérus dont un est entièrement dépourvus de ses apo-physes et dont l'autre a conservé seulement sa tête, plusieurs fragments des premières côtes du côté gauche, un péroné, une portion de l'os sacrum et plusieurs autres petits os qu'il est impossible d'énumérer. Tous ces os ont été considérablement altérés, ce qui empêche de déterminer la stature de l'individu. Néanmoins, nous avons remarqué que ces os devaient appartenir à un jeune homme d'une taille élevée, à raison de leur longueur et du défaut de consistance. Les déclarations des témoins sur la blessure qu'a reçue Monsieur Henri du Vergier de La Rochejaquelein, desquelles il résulte que la balle était entrée par l'œil et l'état de la tête que nous avons exhumée qui est fracturée précisément à la fosse orbitaire, prouvent clairement que les ossements exhumés sont ceux de mon dit sieur Henri de La Rochejaquelein. En conséquence nous avons fait placer ces ossements dans une bière que nous avons fait transporter dans l'église de Saint-Pierre de Cholet, sous l'autel de Saint-Sébastien, ce jourd'hui à une heure après-midi.

Le transport a eu lieu sous l'escorte d'un détachement de Vendéens qui se sont présentés spontanément à cet effet. Le convoi a été reçu à l'entrée de la ville avec les cérémonies d'usage, par le clergé réuni, et Monsieur le maire de Cholet, à la fin de la cérémonie, a apposé les scellés sur la bière, avec le cachet de la mairie sur cire noire.

De quoi nous avons rédigé le présent procès-verbal que nous avons signé, ainsi que M. le maire de Cholet ; le tout en présence de Mademoiselle Louise du Vergier de La Rochejaquelein.

Fait à Cholet les jours et an que dessus.

La minute est signée :

> HOCBOCQ ; BAGUENIER – DESORMEAUX ;
> TERRIEN ; CHÉNAY ; RAIMBAULT, prin-
> cipal du collège ; PIERRE BOUSSION,
> ex-commandant de place ; ROUSSELOT ;
> ALLION ; BEURIER, curé de Cholet ;
> LOUISE DE LA ROCHEJAQUELEIN ; TUR
> PAULT fils aîné, maire.

VI

MAIRIE DE CHOLET.

4ᵐᵉ *arrondissement de Maine-et-Loire.*

Ce jourd'hui sixième jour de mai mil huit cent dix-sept
à sept heures du soir.

Nous, François-Joseph-Paul Turpault, maire de
Cholet, accompagné de MM. Denis Hocbocq, médecin,
Henri Allard, lieutenant-colonel, chevalier de Saint-
Louis, résidant à Thouars ; Pierre et René Jagault, l'un
archiprêtre à Thouars, l'autre prêtre bénédictin, et
Pierre-Germain Chesnay, chirurgien à Nueil : en pré-
sence d'une foule d'habitants ; nous sommes transportés à
l'église Saint-Pierre de Cholet, avons trouvé, sous l'autel
Saint-Sébastien, la bière que nous y avions déposée,
suivant le procès-verbal du 28 mars dernier : nous avons

reconnu que les scellés que nous y avions apposés étaient sains et entiers. Nous avons retiré les ossements de cette bière et les avons replacés dans un cercueil de fer-blanc, de couleur grise ; nous y avons mis du charbon pour la conservation des ossements et nous l'avons fermé. Sur ce cercueil se trouve attachée une plaque de cuivre sur laquelle est gravée une inscription en ces termes :

« Henri de La Rochejaquelein, né le 30 août 1772, tué le 9 février 1794. »

Ce cercueil a été renfermé dans un autre cercueil de bois de chêne ; on a également mis du charbon dans celui-ci ; ce dernier cercueil a été fermé et scellé par des bandes de papier, sur lesquelles nous avons apposé le cachet de la mairie sur cire noire ; après quoi il a été déposé sous l'autel Saint-Sébastien. Et nous avons rédigé le présent procès-verbal que nous avons signé avec les sus-nommés.

Signé :

Hocbocq, d.-m. ; Chesnay;
L. Allard; Pierre Jagault;
R. Jagault ; Turpault fils
aîné.

Et ce jourd'hui sept mai mil huit cent dix-sept, à neuf heures du matin, il a été célébré dans l'église Saint-Pierre de Cholet, un service funèbre avec les cérémonies reli-

gieuses d'usage ; où se trouvaient MM. les curés et
prêtres de Cholet et de beaucoup de communes environnantes ; auquel ont assisté Monsieur Auguste de La
Rochejaquelein, chevalier de Saint-Louis, colonel des
grenadiers à cheval de la Garde Royale ; Madame Constance de La Rochejaquelein, veuve de M. Guerry de
Beauregard, Mesdemoiselles Louise et Lucie de La Rochejaquelein, frère et sœurs de M. Henri de La Rochejaquelein ; Mesdemoiselles Adèle et Sophie Guerry de
Beauregard, ses nièces ; Monsieur de Sapinaud, lieutenant
général, commandant de l'Ordre royal et militaire de
Saint-Louis ; M. de Béjarry, chevalier de Saint-Louis,
sous-préfet de l'arrondissement de Beaupréau ; les
membres du tribunal de première instance de Beaupréau ;
ceux du tribunal de commerce de Cholet ; les membres
des autorités civiles et judiciaires de Bressuire ; toutes
les autorités et fonctionnaires de Cholet ; une grande
quantité d'officiers de l'armée royale vendéenne ; M. le
capitaine de la gendarmerie royale de Maine-et-Loire ;
M. le lieutenant en résidence à Beaupréau, les officiers
en retraite et en non-activité résidant à Cholet. La
gendarmerie royale des brigades d'Angers, de l'arrondissement de Beaupréau et des arrondissements voisins,
ainsi que la garde nationale de Cholet, étaient sous les
armes.

A l'issue de la cérémonie, les restes de Monsieur Henri

de La Rochejaquelein, renfermés comme il est dit au procès-verbal précédent, sont partis pour être transportés à Saint-Aubin Baubigné, lieu de la sépulture de ses ancêtres, sous une escorte de militaires et d'assistants en tête de laquelle étaient Monsieur et Mesdames de La Rochejaquelein ci-dessus nommés.

De tout quoi nous avons dressé le présent procès-verbal, clos par nous, maire de Cholet, et signé par les susdénommés. A Cholet le dit jour et an.

Signé :

AUGUSTE ROCHEJAQUELEIN ; CONSTANCE DE LA ROCHEJAQUELEIN GUERRY DE BEAUREGARD ; LOUISE DE LA ROCHEJAQUELEIN ; LUCIE DE LA ROCHEJAQUELEIN ; ADÈLE DE GUERRY DE BEAUREGARD ; SOPHIE DE GUERRY DE BEAUREGARD ; AM. DE BÉJARRY, sous-préfet de Beaupréau ; ALEX. ROLLAND, président ; DE LA GARDE, p^r du Roi ; le capitaine commandant la gendarmerie Royale, le chevalier DE VAUGIRAUD ; DE SUYROT, lieutenant de gendarmerie ; LAMARQUE, sous-préfet de Parthenay ; DE LARCHENAULT, lieutenant de gendarmerie Royale ; ARNAULD DE LA MESNAR-

DIÈRE, 1er adjoint de Parthenay ;
RENAUDIN DE LEIGNÉ ; PASTUVAT,
aumônier de . . . . ; le marquis DE
JOUSSELIN ; L. ALLARD, chevalier de
Saint-Louis ; LEMAIGNAN ; NAU ;
BLUTEAUD DE BONNÉ ; CHESNAY ;
COULON, chevalier de Saint-Louis ;
Comte DE CHASTENET DE PUYSÉGUR ;
MAS. DE MONSOUDUN, grenadier de
La Rochejaquelein ; BARRION, cheva-
lier de Saint-Louis ; BAGUENIER DES
ORMEAUX ; AUG. DE LA BÉRAUDIÈRE ;
le comte DE KERMAR, chevalier de
Saint-Louis ; BELIN, chef de division,
chevalier de Saint-Louis ; LEGEAY,
chef de bataillon ; MUMHOT ; et TUR-
PAULT fils aîné, maire

TABLE DES MATIÈRES

ERRATA

Page 31, note 1. — En écrivant cette note, nous n'avions pas connaissance des *Souvenirs Vendéens* de M. de Béjarry. Il y est mis, page 204, que La Rochejaquelein alla au camp de l'Oie demander à M. de Royrand des munitions afin de pouvoir attaquer les Aubiers.

Page 100. — Au lieu de « Vallée du Loing, » lire « Vallée de l'Ouin. »

ACHEVÉ D'IMPRIMER

A MELLE

PAR

EDOUARD LACUVE

LE 31ᵉ JOUR DE DÉCEMBRE

M.D.CCC.LXXXIX

Melle. — Imprimerie de Fd. Lacuve.

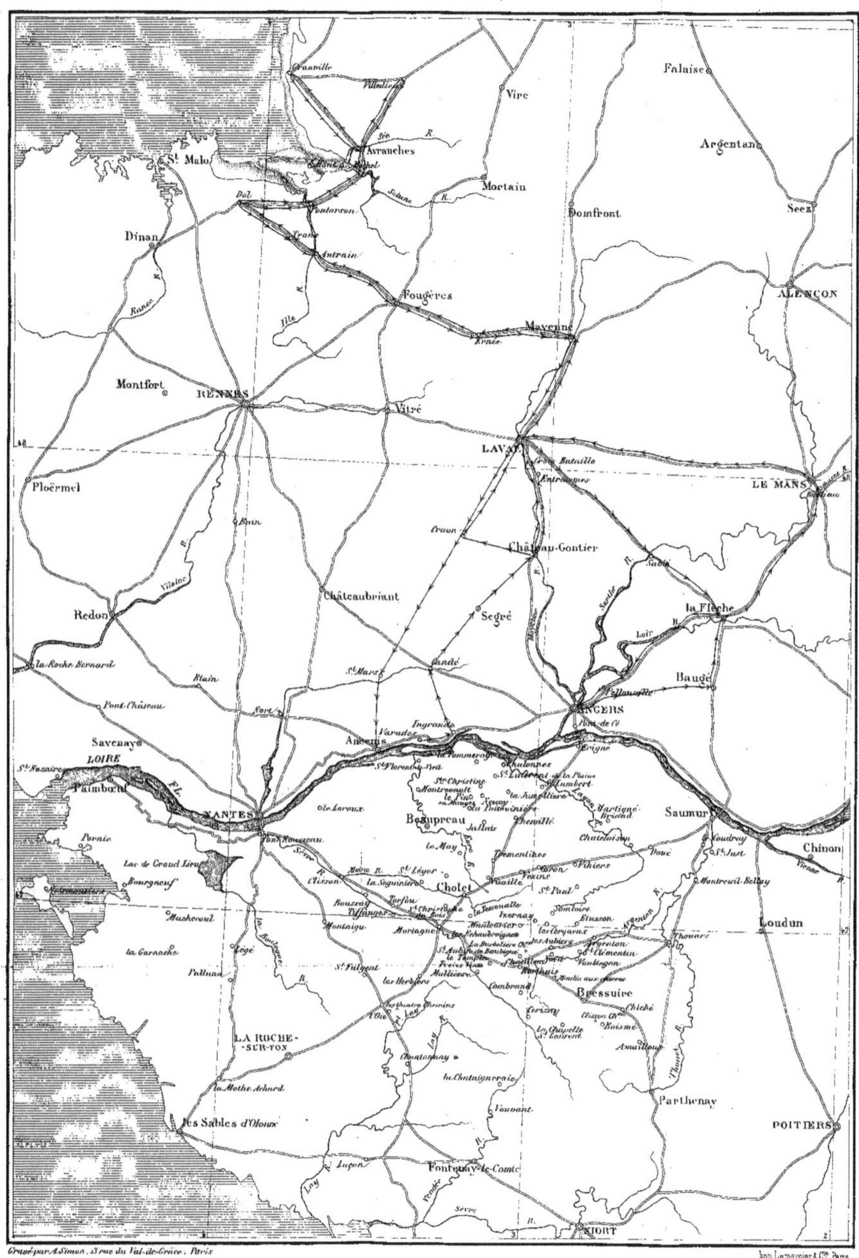

Gravé par A. Simon, 13 rue du Val-de-Grâce, Paris.
Imp. Lemercier & Cie, Paris.

Échelle Métrique 800.000